Über dieses Buch

Es entstand aus der besonderen Lebenssituation des Autors: Er spielt den weiblichen Part neben seiner Ehefrau, die einen traditionell männlichen Beruf ausübt – sie ist Pfarrerin. Ernst Klee reflektiert hier jedoch nicht nur seine Rolle als männliche Pfarrfrau, sondern auch und vor allem die Rolle der Frau in der Kirche. Bissig und ironisch setzt er sich mit der Frage auseinander, weshalb die Amtskirchen Männerkirchen sind, in denen die Männer herrschen und die Frauen beten. Wie kam es dazu, daß ein »feministischer« Revolutionär, wie Jesus es zu seiner Zeit war, von amtsschimmeligen Vertretern heutiger Religionsverwaltungsorganisationen mit dem Bannstrahl eines Radikalenerlasses bedacht werden würde? Eine Lektüre für diejenigen, die den Mut aufbringen, radikal zu denken.

Der Autor

Ernst Klee wurde 1942 in Frankfurt geboren. Lehre als Sanitär- und Heizungstechniker. Humanistisches Abitur im Zweiten Bildungsweg. Studium Theologie und Sozialpädagogik. Seit 1972 mit einer Pfarrerin verheiratet.

Klee war 1970 der Gastarbeiterbeauftragte der Bistümer Fulda, Limburg, Fulda und der evangelischen Landeskirchen von Hessen-Nassau und Kurhessen-Waldeck. Mit kirchlichen Würdenträgern veranstaltete er ein Go-in ins Gastarbeiterlager der Baufirma Holzmann, um auf die Misere der ausländischen Arbeiter aufmerksam zu machen. Er predigte im Frauengefängnis, im Frankfurter Dom und auf zwei Marienwallfahrten des Bistums Limburg. 1975 war er einer der Redner des Evangelischen Kirchentags. 1978 wurde er in den Hauptausschuß Kirchliche Dienste des Bistums Limburg berufen; aus Arbeitsüberlastung konnte er jedoch nicht mitwirken.

Klee arbeitet als freier Autor für Die Zeit und die ARD-Funkanstalten. Er hat einen Lehrauftrag an der VHS Frankfurt und an der Fachhochschule Wiesbaden für Behindertenpädagogik.

Veröffentlichungen im Fischer Taschenbuch Verlag: *Behinderten-Report* (1974, Bd. 1418), *Behinderten-Report II* (1976, Bd. 1747), *Gefahrenzone Betrieb. Verschleiß und Erkrankung am Arbeitsplatz* (1977, Bd. 1933), *Psychiatrie-Report* (1978, Bd. 2026), *Pennbrüder und Stadtstreicher. Nichtseßhaften-Report* (1979, Bd. 4205) und als Herausgeber: *Behinderten Kalender 1980. Rechte, Tips, Nachrichten* (1979, Bd. 4502).

Im Wolfgang Krüger Verlag erschien: *Christa Lehmann. Das Geständnis der Giftmörderin* (1977).

Ernst Klee

Gottesmänner und ihre Frauen

Geschichten aus dem Pfarrhaus

Fischer
Taschenbuch
Verlag

Originalausgabe
Fischer Taschenbuch Verlag
Dezember 1979

Umschlagentwurf: Jan Buchholz / Reni Hinsch

Fischer Taschenbuch Verlag GmbH, Frankfurt am Main

Gesamtherstellung: Hanseatische Druckanstalt GmbH
Printed in Germany
480-ISBN-3-596-26402-2

Selig sind die Schläfrigen: denn sie sollen bald einnicken.

Friedrich Nietzsche, *Also sprach Zarathustra*

Wer Gott vertraut, brav um sich haut.

Hauptmann Kurt Anker, *Unser Feldgesangbuch*

Inhalt

Vorwort

Jene, die im Gottesdienstgang nur ihren seelischen Verdauungsspaziergang sehen, die »erbaut«, aber nicht gefordert sein wollen, müssen dieses Buch ablehnen. Auf jeden Fall werden sich die Geister scheiden. Einige Passagen sind bereits in der Wochenzeitung *DIE ZEIT* und im Funk publiziert worden. Sie haben eine Briefflut ausgelöst. Ein Drittel war absolut dagegen, zwei Drittel nicht minder heftig dafür. Ein »Gottesmann« (Selbstbezichtigung) fand es richtig, in der Amtskirche gründlich zum Hausputz aufzufordern, bedauerte mich aber, weil ich ob der Unklarheit meiner (Pfarrfrauen-)Rolle verbiestert sei. Andere fanden, mein Haß sei unbelehrbar und unheilbar. Ein selbsternannter Endzeit-Missionar entlarvte mich als »Marxisten«, weil ich in Nichtseßhaften (Pennern) nicht den Abschaum der Menschheit sehen wollte: »Ich weiß, wie schwer ein marxistisch infizierter Mensch von seinem Gleichheitswahn abzubringen ist... Es ist eben nicht wahr, daß alles, was Menschenantlitz trägt, gleich ist – nein, nein!«
Eine katholische Hausfrau (eigene Berufsangabe) hört aus meinen Worten »den ironisch-revolutionären Ton, der auf die ›Bourgeoisie‹ gemünzt ist«. Die badische Kirchenzeitung *Aufbruch* (wohin?) fand »die Brühe hämischen Spottes« über den ganzen Pfarrerstand ausgegossen.
Eine alte Dame dagegen wollte mir ihr Erbe vermachen, das sei alles so im Geiste Albert Schweitzers gedacht. Eine andere ältere Dame fand es »ja zu köstlich«, ein Pastor einen »geistigen Hochgenuß«. Vikare schrieben: »Im Einsatz für die Kirche, der die Zukunft gehört, sehen wir Sie als Verbündeten.« Eine Studentin schrieb an »Herrn Pastorin Klee«: »Da lacht das Herz der Theologiestudentin, Pfarrerstochter, Feministin!«
Im August 1977 schrieb ein Universitätsprofessor meiner Pfarr-Herrin, meiner Frau also, von dem »christlichen Wunsch, daß Sie Ihrem Ehemann Bibelunterricht gäben«. Ich verfasse nämlich »Blödsinn«. Der fromme Schluß

lautete: »Paulus schreibt einmal über Ehen zwischen Gläubigen und Ungläubigen, daß die gläubige Hälfte der ungläubigen zur Heilung verhelfen könnte. Vielleicht könnte die Frau Pastorin beim Ehemann zu Ehren Gottes Missionarsarbeit im eigenen Heim tun.«

Auf einer Fortbildungsveranstaltung wollen Vikare, das sind Theologen nach dem ersten Examen, gehört haben, daß ein Oberkirchenrat laut überlegt habe, ob meine Äußerungen für meine Frau nicht dienstliche Folgen zeitigen müßten. Das wäre amtskirchliche Sippenhaft. Der Oberkirchenrat hat den Ausspruch inzwischen mir gegenüber schriftlich dementiert.

Meine Frau ist Pfarrerin. Sie hat damit einen Männerberuf. Mir blieb daneben die Rolle der männlichen Pfarrfrau. Das ist zunächst einmal eher kurios, exotisch. Doch für mich bedeutete diese Frauenrolle mehr: Ich begann nachzudenken. Und das blieb nicht ohne Folgen. Ich habe gelernt, was Ursula Merck, die mehrere Leitungsfunktionen in der Männerkirche wahrgenommen hat, so formulierte: »Es besteht gar kein Zweifel: Frauen denken anders und argumentieren anders; sie trennen nicht säuberlich zwischen dem sachlichen und dem emotionellen Teil eines Problems, weil sie gelernt haben, daß eine solche Trennung künstlich ist.« Wenn diese Art zu denken typisch weiblich ist, bin ich in meiner Frauenrolle zur Frau geworden.

Ich habe noch mehr gelernt. Ich habe nämlich meine theologischen Bücher entmottet und zu studieren begonnen, was eigentlich die Bibel, auf die sich auch die Männerkirche berufen muß, wirklich über Frauen aussagt. Es wurde zu einer der größten Überraschungen meines Lebens: Jesus war ein Feminist. Sicherlich nicht in unserem zeitgemäß modischen Wortgebrauch, aber in der Praxis ganz radikal und zeitvoraus.

Denn das israelitische Recht war ein reines Männerrecht. Frauen galten als Sache, als Kaufobjekt, als Arbeitskraft, als Nachwuchsgebärerin. Der fromme Mann damals dankte im Gebet: »Gepriesen sei Gott, daß er mich nicht als Frau erschaffen hat.« Die Rabbiner sagten: »Mögen die Worte der Thora (das sind die fünf Bücher Mose) verbrannt werden, aber man soll sie nicht den Weibern überliefern ...« Selbst beim Beten waren sie nicht gefragt, denn der Talmud

sagte: »Verflucht sei der Mann, der seine Frau oder Kinder das Gebet sprechen lassen muß.«
Mit der eigenen Frau sollte man möglichst wenig sprechen. Auf der Straße sollte ein Rabbi nicht einmal mit der Ehefrau, geschweige mit einer anderen Frau, sprechen, ja sie nicht einmal grüßen! Eine Tochter zu bekommen, galt als übel. Der Talmud: »Bei der Geburt eines Knaben sind alle voll Freude, aber bei der Geburt einer Tochter sind alle betrübt.«
Nur Männer können sich scheiden lassen. Ein Mann kann sich scheiden, wenn ihm seine Frau nicht mehr gefällt, »weil er etwas Häßliches an ihr findet«. Man kann das im 5. Buch Mose, Kapitel 24,1 nachlesen. Für den Rabbi Hillel war schon das Anbrennenlassen von Speisen ein Scheidungsgrund. Der Verkehr mit Konkubinen, Dirnen, Sklavinnen blieb straffrei. Selbst die Ehe für eine Nacht, wenn der Mann auf Reisen war, war legal. Er ließ sich dann am nächsten Tag scheiden.
Jesus hat mit diesem ganz selbstverständlichen Handeln völlig gebrochen. Während es im Judentum seinerzeit als ungehörig, ja obszön galt, Frauen in der Schrift zu unterweisen, hat er sie unter seinen Jüngern, seinen Schülern, aufgenommen. Verheiratete und ledige Frauen gehörten zu seiner Reisebegleitung, obgleich sie weder die heiligen Schriften studieren, noch das Haus verlassen sollten. Sie zählten ja eher zum Hausrat.
Jesus verhielt sich skandalös. Er benahm sich so daneben, daß kein Oberkirchenrat mit ihm Umgang gepflogen hätte. Jesus gab den Frauen Würde, indem er die Mehrehe verwarf. Er nahm mit Maria Magdalena eine ehemalige Geisteskranke in seinen Jüngerkreis auf. Er verstößt eine stadtbekannte Sünderin nicht. Er sagt sogar etwas Unfaßbares: »Ihre vielen Sünden sind ihr vergeben, denn sie hat viel geliebt; wem aber wenig vergeben wird, der hat wenig geliebt.« So steht es beim Evangelisten Lukas (7,47). Jesus wird eine Frau vorgeführt, die man beim Ehebruch erwischt hat. Das Gesetz besagt klar: sie muß gesteinigt werden. Er bricht das Gesetz, befreit die Frau.
Frauen konnten nach jüdischem Recht keine Zeugen sein. Aber Frauen bezeugen als erste die Auferstehung Christi, ihnen begegnet er zuerst. Er war seiner Zeit mindestens

zweitausend Jahre voraus. Und die Männer, die später die Herrschaft in der Kirche angetreten haben, taten sich schwer mit diesem Gottessohn, der als politischer Umstürzler zum Tode verurteilt worden war. Selbst da ist dieser Jesus noch konsequent: Man weiß, daß er in Gemeinschaft mit einem Verbrecher starb. Aber daß es schon bei seiner Geburt nicht anders gewesen sein soll, ist längst in Vergessenheit geraten: Denn die Hirten, die da nachts ihre Herde hüteten und als Zeugen der Geburt benannt werden, waren nicht die sanftmütigen Gesellen aus dem Krippenspiel, sondern Tagediebe. Zu ihrer Zeit durften Hirten vor Gericht nicht als Zeugen auftreten, weil sie mit den Straßenräubern auf eine Stufe gestellt waren!

Da sind die Maßstäbe denn doch wohl ein wenig verrückt worden. Und es bedurfte der Fleißarbeit von Jahrhunderten, das Ärgerliche der Botschaft und des Lebens Jesu hinwegzuinterpretieren. Doch auch honorigen Theologieprofessoren ist es letztlich nicht gelungen, alles zu verharmlosen, konkrete Forderungen ganz ins Allgemeine hinüberzuretten: Jesus sprach von Armut, die Kirche ist reich. Er ging zu den Verachteten, meine Kirchenführer gehen zu den Größen der Gesellschaft, und man sieht sie mit der landesüblichen Prominenz abgelichtet (die Armen sind bei den Weihnachtsfeiern dran). Zum Jüngerkreis Jesu zählten Frauen, in der Kirchenleitung finde ich keine.

Lese ich das Amtsblatt meiner Kirche, kann ich ersehen: »§ 2 Abs. 1 werden die Buchstaben d bis r die Buchstaben e bis s.« Oder: »In § 5 Abs. 1 Buchst. e wird nach dem Wort ›Propsteibereichen‹ der Punkt durch ein Komma ersetzt.« Nun, das ist vielleicht spitzfindig ausgesucht, und die Satzzeichenregelung ist verwaltungstechnisch auch wichtig, denn schließlich verwaltet die Amtskirche ja Gottes Wort. Und wer wäre da nicht überfordert?

O Vater, hoch vom Himmelszelt,
O gieße Deinen Segen
Herab auf meine kleine Welt...

Elise Ebersold, *Meine Welt*

1.
Ich bin eine männliche Pfarrfrau

Seit Jahren spielen wir zusammen Fußball. Wir, das ist ein Häuflein Fußballbegeisterter, die jeden Samstag vier angespitzte Besenstiele in eine Wiese rammen und dann nach Ball und Gegner treten. Einmal fragte mich ein Mitkicker, Polizist von Beruf: »Sag mal, deine Frau ist doch Pfarrerin? Was hast du denn da zu machen? Mußt du Orgel spielen?« Da stehe ich denn da, abgekämpft und das Fußballtrikot verschwitzt, und bekenne: »Ich bin eine männliche Pfarrfrau.« Und dann soll ich erklären, was das denn ist.
Das Rollenbild, an dem die Pfarrherren jahrhundertelang gestrickt haben, sieht die Pfarrfrau als Anhängsel des Mannes. Eine Pfarrfrau ist fromm, bieder, gebärfreudig, ehrerbietig, eine gute Köchin. Luthers Käthe steht Modell: Während der Reformator die Bücher studiert, sitzt die liebe »Käthe Lutherin, Brauerin und Richterin auf dem Saumarkt«, neben ihm und spinnt (Anrede: »Herr Doktor!«). Die Gute braut Bier, mästet Schweine, versorgt Pferde, Kühe, Hühner und Kinder. Sie bewirtschaftet den Klostergarten, weitere drei Gärten und einen Acker. Ist der Gemahl auf Reisen, berichtet er stets, ob es genug »zu fressen und saufen« gibt, ob Wein und Biere munden (»Denn der Teufel ist uns gram und wohnt im Wasser«).
Als Landesbischof und Ratsvorsitzender der Evangelischen Kirche Deutschlands (EKD) sorgte sich Helmut Claß um die berufstätigen Pfarrfrauen: »Soll die Ehefrau des Pfarrers berufstätig sein? Kann sich der Mann (bei voller Bezahlung!) über das bisher Übliche hinaus an den Aufgaben des

Haushalts und der Kinderbetreuung beteiligen? Ist es richtig, wenn die Aufgaben beider Ehegatten von beiden, sozusagen auswechselbar, aufgegriffen werden?« Den evangelischen Kirchenführer beschleichen Ängste, die Entmännlichung des Pfarrherren könne ein Krisensymptom sein: »Nicht ganz unterdrücken darf man die Frage, ob nicht in einzelnen Fällen der Wunsch nach Wiederaufnahme der Berufstätigkeit Folge und Signal einer inneren Gefährdung der Ehe ist.«

Meine Frau, meine Pfarrherrin, pflichtet dem voll zu: »Ich habe unglücklich geheiratet«, beklagte sie sich einmal auf einer Jugendfreizeit bei Halbwüchsigen, »meine ›Frau‹ kann keinen Sauerbraten machen, wenn ich sonntags vom Dienst komme.« Man kann das schließlich verstehen, wenn sie da durch die Vorstadtstraßen geht und ihr aus jedem Haus, aus jeder Kneipentür der Bratenduft entgegenschlägt.

Dabei gab ich mir redlich Mühe, das Hausmütterchen zu spielen. Wenn abends die Jugendlichen in die Wohnung stiefelten (harter Stiefelschritt, Django-like), drapiert wie Milchzahnrocker und als solche von der Gemeinde auch manchmal angefeindet, stand ich in der Küche und spülte Geschirr. Pädagogisch listig, wie ich meinte, ließ ich natürlich immer die Küchentür offen, um mich als Hausmann und männliche Pastorsgattin zu zeigen.

Auch Martinus Luther ist als Hausmann in Erscheinung getreten. In den ersten Ehejahren ist er seiner Käthe »noch an die Hand« gegangen. Luther hatte schließlich im Kloster gelernt, seine Sachen selbst zu flicken. Eines Tages kommt Frau Käthe in seine Studierstube, scheltend, mit dem plumpen Du und nicht mit »Herr Doktor!« und trägt eine Hose des Lutherknaben Hänschen auf dem Arm: »Hilf und rat!« sagt sie, »Muß ein Narr oder Spitzbub im Haus sein, der mir ein groß Stück Tuch aus der Hose des Söhnchens herausgeschnitten hat!« Der Hobbyschneider Luther: »Meine Hose war bös zerschlissen. Mußte sie selber flicken, dieweil kein Schneider in Wittenberg eine richtige Hose machen kann. Woher sollt' ich Flicktuch nehmen? Nahm es, wo ich es fand!« Frau Luther tut einen Ausspruch, der sich in keinem »Spiegel edler Pfarrfrauen« findet, da dort die Pastorsweibchen staunend den Pfarrer anstarren. Frau Luther schlägt die Hände über dem Kopf zusammen und meint: »Das hat

man doch in der Welt nit erhört, daß ein so grundgelehrter Mann solche Narrheit treibt.«
Anfangs habe ich ernstlich versucht, die Pfarrfrauenfunktionen zu übernehmen. Mein Start verlief unglücklich. Unser Küster war nicht da, ich sollte einem Volkstanzkreis die Tür des Gemeindehauses aufschließen. Ich gehe hin, ein Mann, der Leiter des Kreises, kommt auf mich zu: »Sind Sie der neue Hausmeister?« »Nein«, sage ich, »ich bin die Pfarrfrau.« Etwas fassungs- und verständnislos gleitet sein Blick über meine langen Haare, hinunter über die Kluft. Eine Frau greift erklärend ein: »Das ist der Mann von der Pfarrerin, die am Sonntag eingeweiht worden ist« (gemeint ist die Einführung ins Pfarramt). Der Mann erholt sich nur mühsam: »Das ist ja hochinteressant. So ändern sich die Zeiten. Da kehren wir ja langsam zum Mutterrecht zurück.«
Unglücklich war mein Start auch, als ich weitere Hauspflichten übernehmen wollte. So sah ich recht bald, wie die Damen des Frauenkreises in der Küche des Gemeindehauses stehen und Kartoffelsalat vorbereiten. Es ist in der christlichen Gemeinde wie überall: Die Frauen bekochen die Männer, bestreichen ihnen die Brote.
Die Frauen dienen, die Herren denken. Ich gehe also in die Küche, greife nach einem Schälmesser und beginne wie alle anderen die Kartoffeln zu schnipseln. Da hat mich eine Pfarrfrau fortgejagt, ich solle lieber ihre Kinder hüten.
Hier kann ich dem ehemaligen Landesbischof Claß nur recht geben, der auf dem deutschen Pfarrertag 1975 sagte: »Für eine Hausfrau, die in einer früheren Gemeinde viel tun wollte und konnte, kann es am neuen Ort schmerzlich sein, wenn ihre führende ›matriarchalische‹ Rolle strikt zurückgewiesen wird.« Lieber Ex-Landesbischof, ich habe diesen Schmerz in meiner Pfarrfrauenbrust gespürt.
Gänzlich schief lag ich in meinem Streben, eine gute Pfarrfrau zu werden, als ich an der Adventsfeier der Pfarrfrauen teilnehmen wollte. Ich war gerade ein Vierteljahr Pfarrfrau und meldete mich zum Feiern an. In der Propstei gab es wohl Überlegungen, ob ich zugelassen werden könne, doch die Kollegin Pröpstin freute sich schließlich sogar auf mein Kommen. Mit meiner Amtskollegin (in der Gemeinde sind insgesamt drei Pfarrer und Pfarrfrauen) erschien ich denn auch. Scheu und bescheiden drückte ich mich in eine Ecke,

wo die Pfarrfrauen freudig Plätzchen und Kaffee anboten. Meines Wissens war es eine historische Stunde der Frankfurter Kirchengeschichte: denn erstmals in unserer kirchlichen Lokalhistorie nahm eine männliche Pfarrfrau am Adventssingen teil. Angesichts der weiblichen Übermacht kam meine Stimme allerdings nicht recht zur Geltung.

Dennoch: Die einmal zugeschneiderte Rolle beginnt zu passen. Jetzt, beim Aufschreiben dieser Zeilen, schellt es. Ich gehe zur Tür, warte und schaue, wer da die Treppe heraufkommt. Es ist der Vater eines Jugendlichen, dem kirchlichen Geschehen sehr ferne stehend. Er will zur »Frau Pfarrer«. Ich bedauere, sie ist unterwegs, ich hüte das Haus. »Immer ist sie unterwegs«, meint der Mann. »Ja«, sage ich, »tut mir leid, aber es ist so.« Da erst fällt sein Blick richtig auf mich, er nimmt mich jetzt erst eigentlich wahr, weil er in mir nur das Anhängsel, den Dienstboten der »Frau Pfarrer« sah.

»Wer sind *Sie* denn eigentlich«, fragt er mich.

Noch ganz in Gedanken, automatisch, antworte ich: »Ich bin die Frau.«

Er sieht mich erschrocken an. Ich korrigiere: »Die Pfarrfrau.«

Er geht schnell wieder die Treppe hinunter.

Ich möchte gerne schlafen
Als eins von Deinen Schafen.

Hermine Therese Matschat, *Abendlied*

2.
Die Kirchenverwaltung läßt den Pfarrer auch im WC nicht allein

Pfarrhäuser nach dem Amtsblatt

»Das Pfarrhaus«, lese ich im Amtsblatt, »besteht aus zehn Räumen, Küche, zwei Mansarden, Bad mit Dusche, zwei Garagen, einem größeren und kleineren Garten.« Ein anderes Pfarrhaus (man schätzt ihre Zahl in der Bundesrepublik und in der DDR auf 15 000) besteht aus 14 Räumen, inklusive zweier Amtsräume. Das erscheint wie architektonische Völlerei. Und manchmal ist eine Stelle à la Wüstenrot-Reklame ausgeschrieben: »Das Pfarrhaus in herrlicher Lage mit Fertiggarage und Garten sowie großem Grundstück wurde 1968 vollkommen erneuert und modernisiert.«
Eine andere Gemeinde ködert mit drei Stockwerken und drei Schlafzimmern. Da fällt die Wahl schon schwer, wo der Pfarrer sein Haupt hinlegen soll. Gleiches gilt für den Hirten einer Gemeinde namens Groß-Felda, der sein Nickerchen nicht nur in drei Schlafzimmern, sondern auch auf seinem Freisitz zum Garten hin machen kann. Bei solchen Zimmerfluchten, bei dieser schon feudalen Raumpracht, wirken das Matthäus- wie das Lukas-Evangelium reichlich antiquiert. Denn auf die Frage, wie man Jesu Nachfolger werde, beschied der Zimmermann aus Nazareth: Die Füchse haben Gruben und die Vögel Nester, der Sohn des Menschen dagegen weiß nicht, wo er sein Haupt hinlegen soll.
Die amtlich und beamtenrechtlich in die Nachfolge genommenen Pfarrer stehen sich da wahrlich besser, wenn man den

Stellenausschreibungen im Amtsblatt trauen darf. Und das wird man wohl dürfen. Angesichts der angepriesenen Zimmerfluchten läßt sich nur eine theologische Fehlinterpretation des Johannes-Wortes vermuten, das besagt: In meines Vaters Hause sind viele Wohnungen. Es scheint, statt Theologen haben die Architektenbüros die Auslegung übernommen.

Bescheiden gibt sich dagegen die Melanchthongemeinde in Frankfurt-Fechenheim. Sie bietet nur »6 große Zimmer, 2 Küchen, 2 Toiletten und 1 Bad, verteilt auf Parterre und 1. Etage«, was ein halbes Bad pro Stockwerk ausmacht. Die Wiesbadener Ringkirchengemeinde bietet ihrem Seelsorger dagegen als Extras vier Balkons. In Worms-Pfiffligheim wird die Pfarrfrau mit einem eigenen Bügelzimmer umworben. In Oberroßbach gibt man als Besonderheit eine Waschküche mit Duschraum drein und eine Pfarrscheune als Garage.

Damit sind die Verlockungen allerdings längst noch nicht alle aufgeführt, die Seelenhirten zu den Schafen zu locken. Ober-Mossau beispielsweise wirbt mit einem guten Kirchenrechner (dies vielleicht als Service für Pfarrer mit mangelhaften Mathematikleistungen). Das Patronat des Fürsten zu Löwenstein-Wertheim-Rosenheim, ein Flecken namens Seckmauern, offeriert einen Heißluftkachelofen, während Langen und Neuenhain eine Pfarrgehilfin stellen (nach dem Schöpfungsbericht: Eine Gehilfin will ich ihm schaffen, die zu ihm paßt), eine jedoch nur für halbe Tage. Erzhausen verblüfft: »Der sonntägliche Gottesdienst findet in der Kirche (350 Sitzplätze, Akustik sehr gut) statt.« Wahrscheinlich fand man sich früher in der Scheune zusammen.

Friedrich von Bodelschwingh hat 1890 auf dem ersten Evangelisch-sozialen Kongreß in Berlin einen Vortrag gehalten. Titel: »Mehr Luft, mehr Licht und eine ausreichend große eigene Scholle für den Arbeiterstand.« In dieser Rede schildert er auch seine Gefühle beim Betreten seines Pfarrhauses:

»Wir sehen am meisten von der Not des Volkes, wenn wir treu sind in unseren Hausbesuchen, und hören das Seufzen aus erster Hand. Es ist darum vor allem immer und immer wieder unsere Pflicht und unser Beruf, gerade in dieser entscheidungsvollen Zeit unsere Stimme mutig öffentlich

und unter vier Augen zu erheben und die Sünde der Selbstsucht zu strafen. Wir müssen nur bei uns selbst den Anfang machen, uns zu schämen über unsere glückliche Lage in unseren heimatlichen Pfarrhäusern. Ich gestehe es offen, ich schäme mich alle Tage, wenn ich aus meinem gemütlichen Pfarrhause in mein schönes Gärtchen trete, dessen Obstbäume, die ich selbst gepflanzt, längst herrliche Früchte tragen, wenn ein armer, heimatloser Fabrikarbeiter abends bei meinem Hause vorübergehend, in seinem Herzen die Fäuste ballt und spricht: ›Kuck, der verfluchte Pfaffe –, der hat gut predigen.‹«
Seit dem Garten Eden und seit der grauen Vorzeit, da sich Pfarrer mit Landwirtschaft durchbringen mußten, hat das Pfarrhaus eine bodenständige Verbindung zum Pfarrgarten. Auch hier ist das Luthersche Haus vorangeschritten. Käthe Luther waren Kraut und Rüben wichtiger als die im Neuen Testament gelobten Lilien. Und Luther kümmerte sich neben dem Bibelstudium eigenhändig um seinen Boretsch, ein vor allem bei Gurken geschätztes Gewürzkraut. Die Luthers ackerten am Eichenpfuhl (vor dem Elstertor) wie am Saumarkt, im Hopfengarten wie im Elsholze. Sie gehörten dem guten Mittelstand an, zahlten tüchtig Türkensteuer und erwirkten vom Kurfürsten das Privileg, nachdem 1542 in Wittenberg die Ziegenzucht verboten wurde, eine Ziege und zwei Zicklein behalten zu dürfen. Luther erntete selbst Feigen und ließ durch Käthe Schweine mästen. Denn Luther liebte Schweinefleisch, man sieht es unschwer an den späteren Porträts. Am Ende erwarben Luthers gar noch ein Gut. Und so, mit Bodenbesitz reichlich gesegnet, kann der satte Luther treuherzig sagen: »Gott gibt allemal mehr, als wir bitten. Wenn wir um ein Stück Brot bitten, so gibt er einen ganzen Acker.«
Doch der Garten kann dazu verführen, statt die Gemeinde zu weiden, auf dem hauseigenen Rasen zu grasen. So beschweren sich die schwäbischen Bauern über den Pastor Mörike beim Konsistorium. Er schickt den Vikar zum Predigen in den Gottesdienst, während er sich selber in seinem Gärtlein sonnt. Die Gemeinden werben heute noch mit einem oder zwei Gärten, mit Zier- und Nutzgärten, Obst- und Gemüsegärten, mit Spiel- und Grabgärten. Dreifelden, die Gemeinde unter dem Patronat des Fürsten Friedrich

Wilhelm zu Wied, bietet dem ortshöchsten Christen einen Garten von 3000 Quadratmetern zum Beackern an, Höchstenbach hat 3000 Quadratmeter Gemüsegarten. Doch in Eudorf kann man auf 5000 Quadratmetern noch wesentlich mehr Kohlköpfe züchten.
Selbst in einer Großstadt wie Frankfurt bietet die Dreikönigsgemeinde wenigstens einen »Anteil am kleinen Ziergarten«, der allerdings mit dem Amtsbruder zu teilen ist. Die Römerstadtgemeinde stellt »etwas Grün ins Atrium« und bekennt traurig: »sonst nur Anlagen um das Haus«! Die Mainzer Paulusgemeinde meldet schlicht »Grünanlagen«.
Doch zum Pfarrhaus selbst. Die Richtlinien für den Bau von Pfarrhäusern meiner Landeskirche lesen sich nüchtern: »Das Pfarrhaus ist die Dienstwohnung des Pfarrers und als Sitz des Pfarramtes zugleich Mittelpunkt und Ausgangsort für den ihm aufgetragenen Dienst an der Gemeinde.« Der Bauplatz gilt mit 800 bis 1200 Quadratmetern als ausreichend. Am vorteilhaftesten für die Lage gilt bei »einer Nord-Süd-Straße die westliche Straßenseite, an einer Ost-West-Straße die Südseite«! Als Regelfall gilt ein Einfamilien-Pfarrhaus, »Verbindungen mit anderen Wohnungen sind tunlichst zu vermeiden«. Wenn's ums Wohnen geht, ist der Pfarrer Pfarr-Herr, in der Verkündigung ist er Bruder unter Brüdern.
Das Wohnzimmer (24–26 Quadratmeter) soll Süd- bis Westbesonnung, daß Eßzimmer soll Zugang zu Küche und Garten sowie Süd- oder Westbesonnung haben. Ein Freisitz ist ebenfalls erwünscht, es soll »ein gedeckter Sitzplatz« sein, »erreichbar vom Eßzimmer, ohne dieses zu verdunkeln«. Weitere Auflagen: regensicher, wind- und sichtgeschützt. Das Bad ist in der Nähe des Elternschlafzimmers anzulegen, der Fußbodenbelag für den Amts- und Wohnteil darf bis zu Eichenparkett zweiter Wahl gehen.
Die Kirchenverwaltung läßt den Pfarrer jedoch auch im Bad und WC nicht allein. Bis zum Zahnputzbecher ist alles geregelt. Selbst die »unauffällige Unterbringung der Mülltonnen«. Besonders intensiv ist die Kirchenverwaltung an den Tapeten klebengeblieben: Mehrere Tapezierordnungen und Rauhfaserrichtlinien wurden im Laufe der Jahre vorgelegt.

Gedanken macht sich die Verwaltung auch um das Allerheiligste des beamteten Nachfolgers Jesu, um das Amtszimmer. Beleuchtung (nicht zu verwechseln mit der Erleuchtung),Reinigung und Beheizung sind fest geregelt. Zur Entlastung der Pfarrfrau wird von der Gemeinde eine »entsprechende Haushaltshilfe für die Reinigung der Amtszimmer« erwartet. Manche Gemeinden scheinen ihren Hirten jedoch winters frieren zu lassen, wie sonst könnte im kirchlichen Recht ein Satz wie dieser auftauchen: »Auf der anderen Seite wird erwartet, daß die Kirchengemeinden tatsächlich ein Amtszimmer als Amtszimmer ständig während der kalten Jahreszeit beheizen.« Man stelle sich vor, wie sich ein vor Amtsstubenkälte schlotternder Pfarrer bei einem armen Gemeindemitglied aufwärmen muß!
Doch soll man nicht spotten, belehren mich Briefe. Ein Pfarrherr aus Baden-Württemberg beispielsweise bestätigt, daß auch in Württemberg »für gemeindeeigene und für staatliche (?) Pfarrhäuser« sogar »wörtlich dieselben Vorschriften« gelten. Aber, »jedenfalls habe ich keine Dusche im Haus genehmigt bekommen, und mein Vater hat vor 20 Jahren sich noch die Badewanne auf eigene Kosten bauen müssen«.
Aus Kitzbühel im Österreichischen kommt sogar die Klage, »daß eine Flucht von 12–14 Zimmern und ein großer Garten zum Alptraum mancher Pfarrfrau werden kann! Viele Pfarrhäuser stammen aus einer Zeit der kinderreichen Familien, und als mein Mann (Witwer, 4 Kinder) und ich (Kriegerwitwe, 3 Kinder) 1958 in Kassel heirateten, war eine Pfarrwohnung mit 11 Räumen (einschließlich Amtsräumen) nicht zu groß! Daneben gibt es die unter Denkmalschutz stehenden, so entzückend aussehenden Pfarrhäuser mit wunderschönem Fachwerk und kleingekastelten Fenstern, die so zeitraubend zu putzen sind, oder die mit den saalartigen Zimmern mit einer Deckenhöhe von 4 m aus der Jahrhundertwende, die nicht warm zu kriegen sind. Ich kenne vielerlei Typen von Pfarrhäusern!«
Man soll nicht spotten, wie arm Leute mit elf Zimmern sein können, wie geplagt, und wie das Reich Gottes beim Putzen kleingekastelter Fenster verschwimmt.

Ja, jede Magd und jeder Knecht
Verdienen Heldenruhm,
Die täglich sorgen treu und recht
Für fremdes Eigentum.

Henny Haentzsche-Valett, *Stilles Heldentum*

3.
Gewissenhaft und mit ganzer Kraft

Das Amtsleben des Pfarrers

Das Amtsleben des Pfarrers, die Frage, welche Dienstpflichten er »gewissenhaft und mit ganzer Kraft« auszuführen hat, regelt das Pfarrergesetz. Gewissenhaft und mit ganzer Kraft hat er »sich in und außer Dienst zu verhalten, wie es einem verordneten Diener der Kirche geziemt«. Der Pfarrer muß »jederzeit« für seine Gemeindemitglieder erreichbar sein. Er ist verpflichtet, »in der ihm zugewiesenen Dienstwohnung Wohnung zu nehmen«. Er darf auch nicht Teile der Wohnung anderen Personen überlassen. Von dieser Verordnung ist allerdings die Ehefrau des Pfarrers ausdrücklich ausgenommen. Der Pfarrherr wacht über Sitte, Moral und Berufstätigkeit seiner Angetrauten: »Der Pfarrer hat dahin zu wirken, daß sein Ehegatte nicht eine berufliche oder gewerbliche Tätigkeit ausübt, die seinem Dienst in der Gemeinde abträglich ist. Der Pfarrer darf nicht dulden, daß ein Glied seines Hausstandes durch sittenloses, unehrenhaftes oder kirchenfeindliches Verhalten Ärgernis gibt.«
»Die Ernennung zum Pfarrer erfolgt durch Aushändigung einer Urkunde.« Sie ist nichtig, wenn sich herausstellt, daß der so Bestallte entmündigt war oder sich zweifelhaft geführt hat. (Die Frauen um Jesus, der Apostel Paulus und andere wären sämtlich rausgeflogen aus der Amtskirche, das heißt sie wären erst gar nicht zu Amt und Würden gekommen.)
Seine Verlobung oder Eheschließung hat ein Geistlicher auf

dem Dienstwege anzuzeigen. Die alte Studentenordnung von 1964 schrieb noch vor, daß sich die Studierenden der Theologie erst nach seelsorgerlicher Beratung verloben durften, sofern die Kirchenleitung die Verlobung überhaupt genehmigte. Lebenslauf und Konfirmationsschein der Braut waren vorzulegen. Vor dem 26. Lebensjahre erteilte die Kirchenleitung keine Eheerlaubnis.

Will sich ein Pfarrer scheiden lassen, muß er dies der Kirchenleitung vorher anzeigen. In der Regel wird er dann beurlaubt. Ist er rechtskräftig geschieden, muß die Kirchenleitung binnen dreier Monate entscheiden, ob gegen den Geschiedenen dienstrechtliche Maßnahmen ergriffen oder ein förmliches Disziplinarverfahren eingeleitet wird. Ein geschiedener Pfarrer zu seiner Kirchenleitung: »Eines will ich Ihnen sagen, Sie können mich nicht mehr damit strafen, in die Berufsschule gehen zu müssen. Da bin ich schon.«

Das Amtskleid des Pastors ist der Talar. Der Erhaltungszustand der Amtstracht soll der »Würde des Amtes« entsprechen. Aber auch die übrige Bekleidung wie überhaupt das Verhalten des Trägers müssen »dem angelegten Ornat angemessen sein«. Das heißt: Als Halskragen wird ein gestärkter, weißer Steh- oder Eckenkragen empfohlen. »Der Selbstbinder ist abzulegen, zumal wenn er bunt ist. Die Hose muß dunkel sein, ebenso wie die Strümpfe in Halbschuhen. Es ist ungehörig, bei angelegtem Talar zu essen, zu rauchen oder mit übergeschlagenen Beinen zu sitzen.«

Auch die Amtstracht der Vikarin muß sich sehen lassen können: Der Chorrock wird in angemessener Länge getragen und von rechts auf links geknöpft. Der Stehkragen stößt vorne dicht zusammen, hat hinten eine Höhe von 35 Millimetern, die sich nach vorne verjüngen dürfen. Das glatte Koller des Vorder- und Rückenteils, auch längs der Ärmelnaht, wird von vorgezogenen Fältchen umrahmt. Jede Verbrämung des Talars mit Samt oder Seide sind unzulässig.

Nimmt man die kirchenamtlichen Stellenausschreibungen als Maßstab, wird vom Pfarrer außer der Tatsache, daß er seine Zimmerflucht bezieht, nicht viel erwartet. Dennoch stellt man sich vage einen Alleskönner vor, der sowohl Kinder, Jugendliche, das Mittelalter wie das Alter weidet, predigt wie der Fernsehpfarrer, ein Musikkönner ist wie einer der Bach-Söhne und ein Sozialdiakon wie Wichern (wird selte-

ner erwartet, die Diakonie kann warten). Normalerweise steht in der Ausschreibung: »Vom Pfarrer wird die Fortführung der üblichen Gemeindearbeit erwartet.«
Nach Ketzerei und Abfall vom Einheitstrott klingt dann schon, wenn eine Gemeinde mal neue Ideen verlangt (das ist tatsächlich schon vorgekommen). Die Anforderungen an den Geistlichen variieren kaum, sei es, in einem Kurort ist ein Auge auf die Kurgäste zu werfen, oder die liebevolle Pflege des Posaunenchors wird erbeten. Manchmal sind es gar zwei Chöre, die in die Posaunen stoßen. Eine Gemeinde wünscht die Weiterführung des »lebendigen Frauenkreises«, so als seien die Toten nicht ohnedies auf dem Friedhof.
Die Kirchenleitung erwartet einiges und noch mehr die Verwaltung. Johannes Hanselmann klagt in seinem Buch *Keine Angst vor Pfarramtsführung* (er kommt aus dem Bayerischen!): »Man kann als Pfarrer jahrelang seiner Predigt- und Seelsorgetätigkeit nur mangelhaft nachkommen, ohne gleich vom Bannstrahl einer kirchlichen Mahnung betroffen zu werden. Man muß nur *einmal* den Ablieferungstermin für eine Meldung, Kollekte oder Statistik versäumt haben, um die Präzisionsarbeit des kirchlichen Erinnerungswesens zu erleben.« Listig schreibt der Autor, es sei unfair, »die kirchliche Verwaltung ganz allgemein mit dem zweifelhaften Hinweis auf das Ende ›des ersten christlichen Verwaltungsfachmannes‹ Judas Ischariot« verunglimpfen zu wollen. Wie zeitgemäß die Kirchenverwaltung vorgeht, zeigt, daß die Fahrtkosten immer noch als »Fuhrkostenentschädigung« abgegolten werden, als käme der Pfarrherr mit dem Fuhrwerk vorgefahren. In Frankfurt erhalten zwölf Pfarrer (von der Stadt!) noch insgesamt 53 000 DM »Holzgeld«!
Der Gottesdienst genießt fast ein Veranstaltungsmonopol. Die Sonn- und Feiertagsruhe ist gesetzlich geschützt. Büchsel erinnert sich in den *Erinnerungen eines Landgeistlichen*, wie ein Pastor, der selber dem Kartenspiel frönte, einen Landarbeiter anzeigte, weil dieser sonntags zur Gottesdienstzeit Kartoffeln erntete. Der Landarbeiter wurde zu 10 Silbergroschen Strafe verurteilt. Der Pastor sitzt gerade mit dem Amtmann und dem Inspektor zusammen und spielt Karten. Der Tagelöhner fragt, ob es denn sonntags erlaubt sei, Karten zu spielen? Er jedenfalls werde nicht eher zahlen,

bis der Pastor gleichfalls 10 Silberlinge berappe oder aus Gottes Wort beweise, daß man sonntags Karten spielen dürfe. Er halte es für nützlicher, Kartoffeln zu hacken.
Büchsel selbst spielte sonntagnachmittags ein einziges Mal mit einem Taubstummen Schach, als ein Gemeindemitglied dies entdeckt. Anderntags stehen zwei Gemeindemitglieder feierlich im Sonntagsrock in der Amtsstube und stellen ihn zur Rede. Es sei Sünde, mit den hölzernen Puppen zu spielen. Nach kurzer Gegenwehr gelobt der Pastor, nie wieder sonntags Schachfiguren zu rücken. Die beiden Feiertagswächter fallen daraufhin auf die Knie, danken Gott, daß er Büchsels Herz regiert habe, und schenken die Schachfiguren dem Pfarrerssohn, damit er das Exerzieren übe. Ich denke, Jesus hätte das Exerzieren gerne schachmatt gesehen.
In einem alten Amtsblatt der Landeskirche zu Hessen-Nassau ist eine Entschuldigung des Landesmarktverbandes Vieh und Fleisch Hessen veröffentlicht, weil Sonntagsruhe und Gottesdienste durch Viehverladen und Viehtransporte gestört wurden (»Betrifft: Beeinträchtigung der Sonntagsruhe durch Viehtransporte«). Kommentar der Kirchenleitung: »Wir weisen hiermit die evangelischen Pfarrämter an, über besonders krasse Einzelfälle vorkommendenfalls an uns zu berichten.« König David hätte zum Muhen der Kühe getanzt, Franz von Assisi hätte ihnen gepredigt, die amtliche Kirche fühlt sich vorkommendenfalls gestört.
Das Hessische Feiertagsgesetz (1971) schützt die gesetzlichen Feiertage als »Tage der Arbeitsruhe und seelischen Erhebung«. Sofern keine betrieblichen Notwendigkeiten entgegenstehen, haben die Arbeitgeber den Mitgliedern der Kirchen und Religionsgemeinschaften Gelegenheit zu geben, die Gottesdienste zu besuchen. Von Ausnahmen abgesehen (Bahn, Post, Krankenhäuser usw.), sind an den gesetzlichen Feiertagen Arbeiten verboten, die die äußere Ruhe des Tages beeinträchtigen. »Bei erlaubten Arbeiten sind unnötige Störungen und Geräusche zu vermeiden.«
Die Herren Landräte und Oberbürgermeister werden darauf hingewiesen, daß die Freiwillige Feuerwehr keine Übungen veranstaltet, die sich zeitlich mit dem Hauptgottesdienst überschneiden. Ausnahmen werden erteilt, besonders »für Selbsthilfearbeiten an Kleinsiedlungs- und Eigenheimbauvorhaben«. Die Sonntagsruhe ist heilig, solange kein Eigen-

tum gebaut wird. Wirtschaftsdenken kontra Gottesverehrung.
Wenn man nicht gerade ein Eigenheim baut, so ist an den gesetzlichen Feiertagen noch einiges mehr verboten. Von 4 Uhr morgens bis Highnoon darf nicht öffentlich getanzt werden, dürfen keine Um- oder Aufzüge stattfinden (Entsprechendes gilt auch für Nachtgottesdienste). An bestimmten Feiertagen (wie dem Tag der deutschen Einheit, Volkstrauertag, Buß- und Bettag und Totensonntag) kommen weitere Verbote wie das Verbot öffentlicher Sportveranstaltungen hinzu. Damit sind längst nicht alle Sonderregelungen genannt, da ich dies jedoch an einem Sonntag schreibe, muß ich schnell mit dem Schreibmaschineschreiben aufhören, bevor mich ein Sonntagsheiliger anzeigt.
Ehe ich zu den eigentlichen Amtshandlungen komme, muß erst die Kirche gereinigt werden. Denn Amtshandlungen in einer unreinlichen Kirche machen Feierlichkeit und Andacht zunichte, mag der Begründer der Kirche auch in einem Heuschober oder Viehstall zur Welt gekommen sein. Um auch hier dienstlich alles geregelt zu wissen, schlägt eine Dienstanweisung für die Reinigung der Kirche (worunter Jesus noch das Hinauspeitschen der Geschäftemacher aus dem Gotteshaus verstand!) folgenden Dienstvertrag vor:
»Die Raumpflegerin« – Männer putzen ja nicht, das ist Weibersache – »hat ihr Amt nach den Anweisungen des Kirchenvorstandes, die für sie in jedem Fall verbindlich sind, auszuüben.« (Kehrrichtlinien nach dem Neuen Testament?) Von einer kirchlichen Raumpflegerin wird Aktivität und Eigenständigkeit gefordert, nach dem Motto: Freiheit und Bindung. Denn die »Raumpflegerin muß von sich aus alles tun, damit die ordnungsgemäße Erfüllung ihrer Obliegenheiten gewährleistet ist: Insbesondere hat sie folgende Aufgaben: a) Reinigung der Kirche sowie der Sakristei und des Kirchhofs samt Kirchenweg... Zur Reinigung der Kirche gehört auch das Abstauben der Kirchenbänke, Emporbrüstungen... sowie die Beseitigung jeglichen Spinngewebes... Zur Sauberhaltung des Kirchenwegs zählt ferner die Beseitigung von Unkraut zwischen Gehsteig und Kirchhofsmauer.«
Johannes Hanselmanns *Keine Angst vor Pfarramtsführung*, dem diese Musterordnung entnommen ist, liefert auch eine

Muster-Friedhofsordnung (»Der Friedhof ... dient der Beisetzung«). Die Verwaltung und Aufsicht über den Friedhof und das Bestattungswesen obliegt dem Kirchenvorstand. Der Kirchenvorstand als Friedhofswächter gebietet, daß »kriechende Pflanzen, wie Mauerpfeffer, Fette Henne usw. zu verwenden« sind. »Ortsfremde Pflanzen« sind verboten. Die Beerdigungsbohlen zur Sicherung des Grabrandes müssen »aus gesundem Holz« sein. »Särge dürfen nur von kräftigen Personen getragen werden« (Unfallversicherungsvorschriften der Gartenbau-Berufsgenossenschaft).
Im Preußischen Kirchenrecht findet sich eine Kirchenordnung für die evangelischen Gemeinden der Provinzen Westfalen und der Rheinprovinz. Der zehnte Abschnitt handelt von den »unteren Kirchenbeamten« (»Sie behalten ihren Dienst lebenslänglich«). Zu den unteren Kirchenbeamten zählen die Küster und ihre Gehülfen, Vorsänger und Organisten, auch die Totengräber. Den Küstern und ihren Gehülfen obliegt es, die Kirche auf- und zuzuschließen, für die Reinlichkeit und das Geläut zu sorgen, sowie Amtsbriefe zu befördern. Welche Macht sie sonst noch haben, regelt kein Kirchengesetz, sondern zeigt sich in der Praxis. Büchsel wurde, als er seine Stelle antrat, beispielsweise mit der Mahnung seines Küsters empfangen: »Dem Demütigen gibt Gott Gnade.« Auch von den Kirchenmusikern wird wenig Demütiges berichtet. Als ein junger Kandidat der Theologie in der Predigt steckenblieb, fing der Kantor mit gewaltiger Stimme an zu singen: »Unser Wissen und Verstand ist mit Finsternis unhüllet ...« Und beendete den Gottesdienst.
Die Kirchenglocken wiederum unterstehen dem Amt für Kirchenmusik, obgleich das Glockentönen manchem Anwohner nicht wie Musik in den Ohren klingt. Innerhalb des Amts für Kirchenmusik gibt es eine Abteilung für das Glokkenwesen. Es »west« auch sonst: so etwa beim Kollektenwesen. Die Kollekte, eigentlich eine Liebesgabe, ein Dankopfer, wird vom Kollektenrechneramt (ein Ehrenamt) »verwaltet«. Nach dem Zählen wird die Kollekte »abgeführt«. Nimmt man jedoch die spärlichen Beträge, die sonntäglich mit einem Seufzen in den Klingelbeutel fallen, dann hat die Gemeinde entweder keine Liebe oder keinen Grund zu einem Dankopfer. Bekanntlich danken auch viele Gemeindemitglieder mit Hosen- oder Hemdenknöpfen. Sie wissen

nicht, daß ein geübter Kollektensammler jeden Fünfer vom Zehner, jeden Fünfziger vom Mark- oder Fünfmarkstück unterscheiden kann, ja selbst einen Hosenknopf vom Hemdenknopf zu unterscheiden weiß.
Auch die Musik ist verwaltungstechnisch geregelt. Eine Verordnung: »Betrifft: Leises Orgelspiel« verbietet das leise Orgelspiel als Untermalung kirchlicher Handlungen. Es gibt dafür erwünschte und unerwünschte Musikstücke. Erwünscht ist bei der Taufe: »Lasset die Kindlein zu mir kommen« und bei der Trauung: »Wie schön ist's doch, Herr Jesu Christ.« Unerwünscht ist dagegen »Stumm schläft der Sänger«.
So neu ist das natürlich alles nicht. Schon Dorfpfarrer Büchsel berichtet, wie im 19. Jahrhundert bei der Hochzeit einer nicht mehr jungfräulichen Braut erstens keine Glocken geläutet und zweitens nie das Lied »In allen meinen Taten« gesungen werden durfte. Statt dessen sang man zur guten Besserung: »Befiehl du deine Wege«. Das Kirchenlied wurde Inbegriff einer Sozialprognose. Wenn ein Mädchen männertoll war, prophezeite man, bei der werde bestimmt mal »Befiehl du deine Wege« gesungen.
Kernstück des Gottesdienstes ist die Predigt. Heute wird über mangelnden Gottesdienstbesuch geklagt, die Gemeinde höre nicht zu, störe, schwatze (die Jugendlichen stören, die Älteren tuscheln). Doch die Probleme kannte schon Luther. In einer seiner Tischreden behauptet er: »Meine Predigt ist nicht anders, denn als ging ich durch einen großen Wald und schrie, daß es herwieder schallt, daß ich den Echo und Wiederschall höret; denn ich sehe und merk, daß Niemand den Christum will für einen Herrn haben.«
August Hermann Francke, der bedeutende Pietist, gedenkt in seinem *Gedenkbüchlein* um 1693 seiner leeren Kirche und meint: »Der HERR sei mit euch und sehe doch fast nichts vor mir als Stüle und Bäncke.« Die meisten Gemeindemitglieder, schreibt er, können sich einen Kirchgang schon gar nicht anders vorstellen, »wenn sie nicht vorher Brantewein getruncken haben«. Seine Kirchgänger hätten zwei Laster: Entweder sie schliefen oder sie plauderten. Die Gedanken der Besucher flatterten im Gotteshaus herum.

Aus dem 19. Jahrhundert haben wir Büchsels Schilderung. Zur ersten Predigt reitet er mit dem alten Küster zur Kirche. Der alte Küster ist hocherfreut, daß sie wenigstens einige sehen, die sich zum Kirchgang rüsten. (Selbst im Pfarrhause des Hauptpfarrers wird dagegen Wäsche gewaschen und auf die Leine gehängt.) Es sind nur wenige versammelt. Als der junge Vikar zu predigen beginnen will, sieht ein Bauernsohn auf der Empore, daß er seine Predigt schriftlich ausgearbeitet hat. Der Lümmel sagt laut in die Stille: »Oh, er liest ab!« Das verwirrt den Vikar vollends. Abends fällt er auf seinem Stuhl zusammen und weint: »Es war mir sehr leid, daß ich Theologie studiert hatte.«
In einer Filialgemeinde warten Pfarrer und Küster lange, ehe sich überhaupt jemand in die Kirche verläuft. Seit einigen Sonntagen kommt jedoch ein Bauer. Rücksichtslos setzt er sich in eine Bank und beginnt sogleich so laut zu schnarchen, daß es den Gesang übertönt. Der Pfarrer spricht einen Jungen an, er möchte sich hinter den Bauern setzen und ihn von hinten stoßen, daß er aufwache. Der Junge will nicht. Ein Groschen Belohnung macht ihn gefügig.
Für einen Groschen kämpft nun der Junge mit dem Bauern. Mit Blicken treibt ihn der predigende Pfarrer an. Am nächsten Sonntag will ihm der Pastor wieder einen Groschen geben. Doch der Junge hat schon zwei Groschen empfangen dafür, daß er den Bauern in Frieden schlafen läßt. So schnarcht er denn auch ungestört. Nach dem Gottesdienst spricht ihn der Pfarrer an, warum er eigentlich zur Kirche komme: »Zu Hause«, sagt der Bauer, »setzen einem die Fliegen soviel zu, daß man nicht zur Ruhe kommt, in der Kirche dagegen ist es so schön kühl; im Winter gehe ich auch nicht in die Kirche.«
Man kann den Bauern kaum tadeln. Die Kirche war zu dieser Zeit – und ist es heute noch – ein Service-Betrieb, für den man zahlt, der aber nichts mehr fordert. »Der Herr segne deinen Eingang und Ausgang jetzt und ewiglich«, sagt der Pastor zum Brautpaar, macht die Hand auf und empfängt ein in Papier gewickeltes Geldstück. Gottes Segen gegen ein schamhaft eingewickeltes Geldstück. Hatte nicht Jesus die Wechsler, die Geschäftemacher, aus dem Gotteshaus gejagt? Um sie später als seine Verwalter einzusetzen?

Der Service-Betrieb hat seinen Leerlauf jedenfalls beamtenrechtlich und verfahrenstechnisch bestens organisiert. Das Wort Gottes, sagt die Bibel, ist ein Schwert und fährt durch Mark und Gebein. Daß man dem Mittelstand nach dem Maule zu reden habe, die Meinungsflagge nach dem herrschenden Wind ausrichten müsse, dazu habe ich noch keine Bibelstelle gefunden.

Wer ein- und ausgeht durch die Tür,
Der soll bedenken für und für,
Daß unser Heiland Jesus Christ
Die rechte Tür zum Himmel ist.

(Christlicher Hausspruch)

4.
Talare, Taft und Klingelbeutel

Der Pfarrerbedarf

In der Post finde ich die Beschwerde einer Dame über meine »unmögliche Erscheinung in Frisur und Anzug (Struwwelpeter und aufgekrempelte Hosen)«. Zum Schluß schreibt die Dame: »Bei dieser Beanstandung handelt es sich keineswegs um eine prüde Einstellung, sondern sie entspringt einem noch gesunden ästhetischen Empfinden.«
Ein ähnlicher Rüffel, das persönliche Design betreffend, hatte mich vorher bereits aus dem Munde eines Weihbischofs ereilt. Im hohen Westerwald hörte ich: »Sie sehen aus, als wären Sie von Frankfurt aus zu Fuß gekommen.«
Auch ein adliger älterer Herr (»als alter Laienkämpfer«) mit einem Rassehundenamen (Hasso von ...) beschwert sich schriftlich. Die Kirche sei da, Geborgenheit zu »exerzieren« und nicht zu provozieren. Mit »brüderlichen Grüßen« schickt er mich in die Hölle. Ich solle mal in der Bibel lesen (Matthäus 22, 1–14), dort sei das abschreckende Ende eines Provokateurs geschildert.
Ich lese die Bibelstelle, ein Gleichnis. Jesus erzählt von einem König, von Gott, der die gut Bedreßten und Betuchten einlädt, an einem Fest teilzunehmen. Doch die ignorieren die Einladung, gehen weiter ihren Geschäften nach, und als sie nochmals gemahnt werden, bringen sie den einladenden Boten um. Da die Schickeria nicht kommt, lädt der König die Unwürdigen ein, die an den Straßenkreuzungen

liegen. Als nun die Hochzeit gefeiert wird, sitzt da einer ohne das Hochzeitskleid, sprich: ohne das Kleid des entsprechenden Glaubens, ohne die richtige Einstellung. Und der wird in die Finsternis hinausgestoßen. Sinn des Gleichnisses: Die Betuchten waren die Unwürdigen, die Unwürdigen sind die Würdigen. Viele sind zum Glauben eingeladen, aber nur wenige nehmen ihn an.

Mein guter Hasso von ... hat das Gleichnis als Jesu Beitrag zur Kleiderfrage betrachtet. Es geht aber um den wahren Glauben und nicht um standesgemäße Tracht. Dennoch wird in der Kirche (und auch in der Gesellschaft) die Form, das Äußere, immer wichtiger. Wer ein Amt oder eine Funktion innehat, muß die Form wahren. Auch als Mann einer Pastorin oder als männliche Pfarrfrau soll man sich der Konvention und Konfektion unterwerfen. Anpassen heißt man das, ein Ausdruck, der aus der Sprache der Bekleidungsindustrie stammen könnte: Man paßt einem ein Kleidungsstück an.

Als Pfarrfrau bin ich bestrebt, daß wenigstens das Äußere meiner Pfarrherrin stimmt. In diesem Bemühen stehe ich nicht allein, man hilft mir. Da schicken einem Firmen für den Pfarrerbedarf eine Art Neckermann-Katalog, der vom Talar bis zum Friedhofsbedarf so ziemlich alles offeriert.

Den Talar (von lateinisch *talus* = Knöchel), also das bis zu den Knöcheln reichende, Würde verleihende Amtskleid des Pfarrers, finde ich in meinem Katalog unter der Rubrik »Amtstrachten«. Da kann man wählen zwischen der preußischen Form, dem bayerischen und pfälzischen Talar, der neuen Talarform, dem Talar in neuer Form (violetter Schalkragen, weniger Falten), dem Altlutheraner-Talar und dem Tunika-Talar. Übergrößen werden nicht berechnet, auch Reserveknöpfe und ein Bügel sind kostenlos. Für eine haltbare und gediegene Form wird garantiert.

Die Würde ist zugleich praktisch: Die Qualität II besitzt einen gut gearbeiteten Durchgriff, so daß die Anzugstaschen »bequem und ohne Umwege erreichbar sind«. Man kann wählen zwischen zahlreichen Talareigenschaften: solide, für Aktentasche und warme Kirchen, elegant, altbewährt, hervorragend, tropical, nicht durchscheinend, unverwüstlich, tiefschwarz.

Zum Talar gehört ein Beffchen. Ein Beffchen ist (so der

Duden) ein Doppelstreifen über der Brust bei Amtstrachten, besonders von evangelischen Geistlichen. Beffchen sollten nicht unter einem Bedarf von 20 DM bestellt werden. Das billigste Beffchen (mit exaktem Saum Mako-Batist) kostet 3,50 Mark und das teuerste (mit Handhohlsaum und Hohlsaumkreuzen, Batist) 18,50 DM. Beffchen können gebunden, angeknöpft oder eingesteckt werden. Beffchen fassen über 400 Jahre Kirchengeschichte zu zwei Doppelstreifen zusammen: offen sind die lutherischen Doppelstreifen, halboffen sind die uniierten, geschlossen die reformierten Beffchen. Kürzer kann man die theologischen Unterschiede nicht zwischen zwei Säume fassen.

Lutherröcke und Westen kann ich überschlagen, auch die Amtshosen, passend zum Lutherrock, ebenso Kragen, Talarunterärmel (»ganze Ärmel zum Einknöpfen«) und Ersatzknöpfe. Aber auf dem Kopf muß auch die Pfarrerin etwas tragen: die Barette aus Tuch oder Samt. Barette sind flache Kopfbedeckungen in reichster Auswahl: drei Lutherformen, dazu von der altpreußischen bis zur mecklenburgischen Form (»mit Kordelverzierung«) nochmals sechs Wahlmöglichkeiten. Barette sind glatt, vier- bis sechseckig, vierzipflig, schwarz oder violett.

Während ich mich Gedanken hingebe, wie man »vierzipflig« (Hannoversche Form) noch würdig erscheinen mag, geht mein Blick auf die Dankschreiben zufriedener Kunden. Zwanzig Jahre hat der Kreispfarrer von Nordenham sein gutes Stück getragen: »Er ist nirgends durchgestoßen und wird nun mein Friedhofstalar.« Ein Pastor und Sozialpädagoge aus Ellerbek-Friedenseiche gerät sogar ins Schwärmen: »Meine Frau und ich sind mit den Ausführungen des gelieferten Talars sehr zufrieden und freuen uns über diesen wertvollen Schatz.« Ein Satz, der dem Matthäus-Evangelium allerdings kraß widerspricht: »Sammelt Euch nicht Schätze auf Erden«, heißt es in der Bergpredigt, »wo Motte und Rost sie zunichtemachen und wo Diebe einbrechen und stehlen! Sammelt Euch vielmehr Schätze im Himmel ... Denn wo Dein Schatz ist, da wird auch Dein Herz sein.«

Ein Katalog für religiöse Utensilien ist wenig geeignet für Glaubensschwache und Zweifler. Aber es ist ja auch nur für den professionellen Betrieb gedacht. Die Firma hat ein Abendmahlsgeräte-Programm entwickelt, das unter dem

eindeutig betriebswirtschaftlichen Aspekt fast unfromm klingt: »Die Geräte sind unempfindlich, tropenfest, für den Seelsorgedienst im Krankenhaus gut geeignet wegen der unkomplizierten Desinfektion. Die Formgebung ist wegen der Eigenart des Materials (Edelstahl) klar und anwendungsfreundlich, ohne dabei in der Bedeutung an Würde zu verlieren. Wir achten gerade bei Edelstahl-Abendmahlsgeräten auf das besondere Design.« Ein paar Seiten weiter heißt es über ein Gerät aus Feinzinn: »Statt des Kreuzes auf dem Deckel kann ... auch ein Knopf angebracht werden.«
Der Kirchenvater Ambrosius (um 340–397) hatte da noch ganz anders gesprochen, als er sagte, der Wille unseres Herrn sei: Die lebendigen und nicht die metallenen Gefäße Gottes zu bewahren. Ihm wäre die merkantile Sprache zuwider gewesen. Er hatte noch keine Kelch-Sieblöffel gebraucht (»zum Entfernen von Korkenresten im Kelch«) und keine Desinfektionsgeräte aus Feinzinn oder Messing. Vollends hätte ihn das Hostienangebot in Zorn geraten lassen, wenn Hostien (lateinisch: »Opfer«) wie frische Nordseemuscheln angeboten werden: »Hostien stets frisch«, »frisch« fettschwarz gedruckt, »in praktischer, übersichtlicher Rollenform zu je 100 Stück, dadurch geringeres Bruchrisiko, ca. 34 mm ∅, ohne Kruzifix 1000 Stück DM 13,10 ... mit Kruzifix 1000 Stück DM 15,40«. Die Kirchenleitung: »Als Abendmahlswein werden folgende Weine (Weinpreisliste 1976/II) besonders empfohlen: 409 1974er Guntersblumer Vögelsgärten, Riesling; 518 1975er Niersteiner Orbel, Silvaner, Kabinett.«
Der Restkatalog bezieht sich auf Kniekissen, Betstühle. Hier ist die Konkurrenz sehr stark. Die Kirchenbepolsterungsfirmen haben es sich zum Geschäft gemacht, ein Christ solle im Gotteshaus weich sitzen: »Wir haben bei unseren Überlegungen nicht außer acht gelassen, daß viele Menschen ... gewohnt sind, warm und weich zu sitzen, weil kalte und harte Bänke für sie ungünstige Nachwirkungen haben können.« Dies offenbaren, nomen est omen, die Polsterspezialisten der Firma »Meditatio«.
Ein weiterer »Spezialist für Kirchenbankauflagen« (Anrede, typisch für den Kirchenbetrieb: »Werte Herren!« oder »Sehr geehrter Herr Pastor!«): »Die Notwendigkeit von Kirchenbankauflagen in der Kirche ist heute unbestritten.

Kalte Kirchenbänke sind im Sommer und Winter unangenehm ... Gut gepolstert ist halb gebetet.«
Nahezu kirchenkritisch klingt ein Firmenname, der sich gleichfalls um die Kirchenausstattung kümmert (»ausziehbare Huthaken, stapelbar, mit Kniebank«): »Kusch + Co.«
Angeboten wird eine blendfreie, reinweiße Liedertafel »aus schlagfestem Kunststoff«. Einen so schlagfesten Küster haben wir nicht, der mit einer schlagfesten Liedertafel argumentieren würde. Das wäre eher etwas für den Gelegenheits-Organisten unserer Nachbargemeinde (Spitzname: »Der Glöckner von der Markus-Kirche«). Dieser aber ist inzwischen aus dem kirchlichen Orgelspiel entlassen und gerichtlich bestraft worden.
Der boshafte Mensch hatte morgens in aller Frühe um fünf Uhr sämtliche fünf Glocken eine Stunde lang Sturm läuten lassen. Er protestierte damit gegen eine Hausräumung durch die Polizei just um diese Stunde (die Häuser waren zum Abbruch frei zu machen, damit aus Wohnräumen Bürotürme entstehen können). Der herbeieilende Pfarrer, der das Grabgeläute zur Wohnraumzerstörung abstellen wollte, fand alle Türschlösser mit sogenannten Kobolden versperrt. Vor Gericht sagte der Pfarrer auf die Frage, ob er die Anzeige nicht zurücknehmen wolle: Auch er billige nicht ohne weiteres Hausräumungen, doch Glockenläuten diene ausschließlich gottesdienstlichen Zwecken. Der Glöckner von St. Markus konterte, zum Kriegsausbruch 1914 hätten auch die Glocken geläutet. Dies hinderte das Gericht nicht, eine Geldstrafe zu verhängen.
Gewölbereiniger und Kirchenfahnen, garantiert luft-, licht- und wasserfest, mit großer Reißfestigkeit, vervollständigen den Katalog, ehe die Weihnachtskrippen auftauchen (»Ochs liegend 80 DM ... Kamel stehend 212 DM«). Angesichts dieses Katalogs der Frömmigkeitsdesigner fällt mir allerdings ein Ausspruch von Hans Domizlaff, dem Nestor des Werbewesens, ein, der zu ratsuchenden Pfarrern gesagt haben soll: »Wenn Gott Sie verlassen hat, was sollen wir armen Werbefachleute raten? Die Menschen werden nicht aufhören, Gott zu suchen, aber sie werden sich andere Vermittler auswählen. Sie irren sich, wenn Sie glauben, die Menschen seien gottlos, nur weil sie sich von der Kirche abkehren.«

Das formale Brimborium wird aber erst richtig deutlich, wenn man sich noch weitere Kataloge (Slogan: »Fabriken für den Bestattungsbedarf«) zu Gemüte führt. Eine Firma für Bestattungsbedarf glaubt, das am meisten Benötigte und Wesentliche erfaßt zu haben. Der Katalog beginnt mit Nr. 1, einem Katafalkwagen mit feststellbaren Lenkrollen oder mit Gummifüßen anstatt Rädern und endet mit Urnen-Kandelabern und Gebeine-Truhen aus Kunststoff. Da gibt es Aufbewahrungsgeräte, scherenartig auszuziehen auf jede gewünschte Länge, »somit auch zum Aufbewahren von Kindersärgen geeignet. Raumsparende Unterbringung bei Nichtbenutzung.«

Schlager ist jedoch die Aufbewahrungshaube »Hygiea« aus Plexiglas, absolut glasklar. »Formgebung und saubere Konstruktion garantieren eine verzerrungsfreie Durchsicht und ästhetischen Anblick.« Nach dem Motto: schönere, ästhetischere Tote kann man neben die Aufbewahrungshaube »Hygiea« eine Lorbeerpyramide im Eichenzierkübel stellen, wahlweise in der Höhe zwischen 70 und 200 Zentimeter. Vorteil solcher Trauer-Zier-Bäume: Sie sind sehr wirtschaftlich, weil aus Plastik. »Dem Naturgewächs täuschend ähnlich nachgebildet, bedürfen keiner Pflege, kein Erfrieren möglich, lichtunabhängig, unempfindlich, immer gleichbleibend dekorativ.« Weitere Trauerpflanzen sind die Plastik-Stechpalmen, Philodendron, Syngonium und Plastik-Fächerpalme. So wirtschaftlich wird die Trauer seitens der Fabriken für den Bestattungsbedarf, nur das Staubwischen hat man (noch) nicht einkalkuliert.

Nicht einkalkulierbar ist auch die menschliche Schwäche. Da stürzte die Beerdigung eines Vorgesetzten die ehemaligen Untergebenen auf dem Friedhof in solche Verwirrung, daß sie glatt die Kopfbedeckung verwechselten. Im Amtsblatt liest sich der Vorfall dann so: »Wer vermißt seit dem Trauergottesdienst für Herrn Propst ... sein viereckiges Barett mit kleinem Schirm und Knopf? Es ist in meinem Besitz. Dafür vermisse ich mein viereckiges, weiches Barett ohne Schirm und mit Knopf und eine Beffchentasche.«

Doch zurück zum wirtschaftlichen Bestatten: Die Sargversenkungsapparate Marke »Pietas«, »Imperial« und »Ambassador« garantieren je nachdem: »... auch für schwerste Särge geeignet ... das modernste Gerät auf dem Weltmarkt

... vollautomatisch ... gleichmäßiges, ruckfreies Versenken ... Durchfallen des Sarges ist nicht möglich.« Grabmattengarnituren fichtengrün, Qualität englischer Rasen, nahtlos, aus Raffia-Bast, ermöglichen einen würdigen, vornehmen und pietätvollen Anblick. Merke: »Grabmattengarnitur, nicht angewendet: Es hinterbleibt ein unangenehmer Eindruck.«
Luther, der alle Lutherröcke und -westen heute allenfalls zum Fasching anziehen würde, hatte dagegen ein gelassenes Verhältnis zu modischer Anpassung: »Wäre das Evangelium derart«, schrieb er an Spalatin, »daß es der Propaganda oder des Schutzes der Mächtigen der Welt bedürfe, so hätte es Gott nicht Fischern anvertraut.«
Es steht zu befürchten, wenn die Frömmigkeitsdesigner, die Pfarrerbedarf-Kunstwerkler, den Satz lesen, daß sie flugs Talare im Fischer-Look (besser: holy-sailer-look) anmessen, dazu passend statt eines Baretts ein fünfzipfliges Fischerkäppi und statt des Beffchens einen liturgischen Fischerknoten, den irgendeine Landeskirche allerdings erst ordnungsgemäß einführen müßte. Dazu einen wasserabstoßenden Amtskoffer, um weiterhin auf Tauchstation gehen zu können.
In diesem Sinne: männliche Pfarrfrau, ahoi!

Einst singe ich im Engelchor
Dir noch viel schön're Lieder vor.

Rebensburg, *Mein herzlieber Heiland*

5.
Mord an der Orgel

Vom Untergang der Kirchenmusik

Für Martin Luther war die Musica (neben einem starken Trunke Bier) die beste Labsal, einen betrübten Menschen zu erquicken: Denn der Teufel ist unmusikalisch und dem Wohlklang feind. Musik vertreibt Anfechtungen und böse Geister. Während im 20. Jahrhundert christliche Erzieher der Anfechtung »Onanie« mit kalten Duschen, reizarmer Kost und hartem Lager zu Leibe rücken, hätte Martin Luther Musik verschrieben: »Musica ist eine halbe Disziplin und Zuchtmeisterin, so die Leute gelinder und sanftmütiger, sittsamer und vernünftiger machet.« Den Potentaten und Regenten empfiehlt er gegen die Seelenbetrübnis Hofmusiker, wie er zugleich die bösen Fiedler, die Gassengeiger verdammt. (Luther verstand die Unterschicht nicht.)
Die Hochachtung und Liebe zu Frau Musica mochten nicht alle Theologen teilen. August Hermann Francke, ein trockener Pietist, hörte in der Musik die Verführung zu üppiger Weltlust. Er hätte sich sogar auf die Kirchenväter berufen können, die instrumentale Musik in der Kirche nicht litten. Die Reformation aber sprang mit der Musik eigentlich recht unbekümmert um, textete Gassenhauer um und verwandelte sie in fromme Gesangbuchlieder. Für Herder war das Gesangbuch später die Bibel des Volkes.
Wer heute in einem Gotteshaus die Posaunenchöre ins Horn stoßen hört, wird kaum vermuten, daß der erste Posaunenchor sich aus dem Busch vernehmen ließ. Ein Pastor Volkening, Herausgeber der *Missionsharfe*, wollte den Zöllenbek-

ker Jünglingsverein im Ravensbergischen mit Hilfe von Musikinstrumenten zu Gott führen. Er probierte etliche Instrumente durch, ließ die Jünglinge beispielsweise die Ziehharmonika quetschen, doch alles das befriedigte seine Sinne nicht. Er wollte einen Posaunenchor.
Nun sollte im Sommer 1839 der Düsselthaler Busch gerodet werden. Der Hauslehrer und Hausgeistliche Gustav Meyer handelte mit dem zuständigen Arbeitgeber, einem Grafen, einen Tarifvertrag aus: Zwölf kräftigen Bauernburschen sollte statt einer Löhnung Blasunterricht und das jeweilige Blasinstrument geschenkt werden. Den Unterricht erteilte ein Düsselthaler Trompeter. Als der Sommer vorüber und der Busch gerodet war, kehrten die bäuerischen Posaunenengel als tüchtige Bläser in die Heimat zurück. So entstand der erste Ravensberger Posaunenchor, dem noch viele andere Bläser folgen sollten.
Die Kirchensynode von Hessen und Nassau lobte 1975 die Kirchenmusik in hohen Tönen. Die Synodale Jahr, die allerdings Grund hatte, die Kirchentöne zu loben (»Die Hälfte unseres Familieneinkommens wird von einem hauptamtlichen Kirchenmusiker eingebracht«) posaunte, Kirchenmusik sei die Verkündigung der Botschaft von Jesus Christus mit musikalischen Mitteln. Der Synodale Bäcker (»Meine Gedanken gehen in die gleiche Richtung«) jubilierte, Kirchenmusik sei gesungenes Wort, klingende Predigt sozusagen.
Konfrontiert mit besorgten Tönen, die Landeskirche könnte vielleicht doch bei den Kirchenmusikern sparen, zerstreute Oberkirchenrat Spengler alle Befürchtungen, »es würde hier mit an der Kirchenmusik gesägt« (der Oberkirchenrat scheint mit der Säge zu musizieren). Ein Pastor mahnte, »daß in unseren Gemeinden mehr gesungen wird und vielleicht etwas weniger geputzt«. Dies wurde mit einem Credo, »absolut« für die Kirchenmusik einzustehen, gekontert. Ein Pfarrer schwang zugunsten der Putzfrauen den Bekennerbesen, »denn, wenn die Putzfrauen nicht da sind, dann ist der Staub so groß, daß die Orgel keine Flötentöne mehr hergibt. Deshalb sind die Putzfrauen für die Kirchenmusik lebensnotwendig.« Merke: Wer orgelt, kann nicht Staub wischen!
Als »Prediger in Tönen« gilt die Orgel, und Johann Seba-

stian Bach nennt man den »fünften Evangelisten«. In der Literatur rangiert die Orgel als Wunderwerk: Man ehre den Erbauer, preise ihren Spieler (unser Organist machte da ganz andere Erfahrungen). Der Klang der Orgel wird den Geheimnissen der Natur, den göttlichen Geheimnissen an die Seite gesetzt. Die Trompetenregister animierten aber auch zu dem Vergleich, die Orgel gleiche der Batterie eines Kriegsschiffs.

Im Altertum war die Orgel kein Schlachtschiff, sondern ein kleines tragbares Instrument. Sie begleitete die Römer zu recht unheiligen, derben Vergnüglichkeiten. Die Orgel soll im 3. Jahrhundert vor Christus erfunden worden sein. Sie hieß Hydraulis, das heißt Wasserorgel. Im 8. Jahrhundert überbrachte sie eine byzantinische Gesandtschaft dem Franken Pippin (757). Dieser ließ sie vor staunendem Publikum ausstellen.

Fortan nahmen sich fränkische Mönche des Orgelbaues an. Nach und nach wurde die Orgel zu einem Instrument, das in großen Kirchen wohl Gottes Lob erschallen ließ, ansonsten aber auch zum Tanz aufspielte, so daß das Tridentinische Konzil (1545 bis 1563) einschritt. Die Kalvinisten hackten das papistische Musikgerät zu Kleinholz (was sie später revidierten). Anfangs dem Chor beigeordnet, entwickelte sich die Orgel schließlich zur Königin der Instrumente.

Doch die Monarchie geht zu Ende. Die Organologen leisten zwar verzweifelt »organale Schützenhilfe«, doch der Untergang des Abendlandes ist mit der Verachtung der Orgel eingeläutet. Da stehen die über 2200 Organologen, die sich in der Gesellschaft der Orgelfreunde um Gebläse, Pfeifenmäuler, Lippen- und Zungenpfeifen scharen, mit dem Rükken zur Orgelwand. Die Kampfschrift heißt *Ars Organi*, doch meine pfarrfrauliche Kenntnisse entstammen der Zeitschrift *Die Auslese. Zeitschrift für Offerten auserlesener Firmen des kirchlichen Bedarfs*, die kostenlos ins Pfarrhaus kommt. Der Blickwinkel der Orgelliebhaber ist ziemlich eng. Vor lauter Orgeln nehmen sie nichts anderes mehr wahr. Aufsätze wie »Die Schweiz als Orgellandschaft«, »Berlin, Stadt der Orgeln« oder darüber, daß die Rechtsrheinischen keine einheitliche Orgellandschaft hätten, sind Beispiele der perspektivischen Verengung.

Andererseits weitet sich der Orglerblick ins Kosmische. In

einem Vortrag (1974 im Brucknerhaus in Linz an der Donau) gestand der streitbare Orgelfreund Walter S. aus Esslingen am Neckar, ein intimes Verhältnis zur Orgel zu unterhalten. Wenn wir, sagte er, »die Orgel einem Morgen zuführen wollen«, dann nur durch das »innige Verbundensein mit den Klangkörpern«. Der Spieler muß in ein »Liebesverhältnis« zu seinem Instrument eintreten. Erst wenn Orgelbauer, Komponisten, Spieler und auch die Hörer, alle zusammen, in klangkörperlicher Verbundenheit in das Liebesverhältnis eingetreten sind, »dürfen wir einen gewissen Glauben an die Zukunft der Orgel haben«.
Dr. Walter S. wandte sich 1974 an die »liebe Orgelfamilie«, da man ja »orgelfamiliär« zusammen sei. Schnell hebt die Klage an, das Orgelschaffen liege im argen. Was sich auf der Orgel abspiele, sei von gestern oder reiche ins Gestern. Als ein »warmer Freund der Orgel« fällt es ihm schwer zu glauben, daß die Pflege der Musik von gestern immerwährend sei. Die Krise des Christentums und der Kirche wird zur Orgelkrise, da das Volk Orgeln nur in der Kirche vermutet. So stellt sich die bange Frage: »Wird die allerjüngste Generation noch Träger der Orgel sein?« Wo bleibt in dieser kaputten, vom Zivilisationsschutt überhäuften Welt noch Platz für die Orgel? Morden die Heizungen nicht die Orgeln (Stichwort: »orgelmordende Heizungen«)? Verringert die Pille nicht die Zahl potentieller künftiger Organisten? Wo doch früher, das erfahren wir von Dr. S. nicht, »orgeln« gleich bedeutend für »rammeln« stand, und wo man von Pfarrers- und Organistenkindern als so zahlreich wie die Orgelpfeifen sprach?
Und schließlich wird von der Orgelindustrie ein Monster geboren, das Orgeln frißt: das »Elektrium«. Das »Elektrium« ist die Elektronenorgel, die in einem Artikel der offiziellen *Zeitschrift der evangelischen Kirchenmusiker* sogar mit einem Seelöwen verglichen wird. Wie der Seelöwe kein Löwe sei, sei die Elektronenorgel keine Orgel.
K. Beisbarth verdanken wir den Hinweis, zu welchen Schäden der Streit führen kann: »Wie weit die ideologische Ablehnung elektronischer Orgeln geht und wie sehr diese schadet, mag folgender Vorfall zeigen: Eine bürgerliche Gemeinde in Norddeutschland wollte kürzlich der Kirchengemeinde DM 40000,– für eine Elektronenorgel stiften.

Der zuständige Kantor sollte diese Elektronenorgel aussuchen. Der Kantor weigerte sich jedoch, er werde weder ein ›Elektrium‹ aussuchen, noch ein solches spielen. Darauf kaufte die bürgerliche Gemeinde einen Krankenwagen.«
»Recht so!« habe ich in einer Spontanreaktion an den Rand geschrieben. Aber ich sollte solche Äußerungen lieber lassen, denn nur der ist kompetent, der den Klangkörper liebt. Wesentlich aufgeschlossener als ich zeigt sich da der päpstliche Organist Monsignore Papinutti, der das Wohlgefallen des Heiligen Vaters über ein »Elektrium« zum Ausdruck brachte: »Die Benützung der Davoli-Orgel K 227 war besonders wirksam in der Weihnachtsnacht«, schreibt der päpstliche Orgelsachverständige, »anläßlich der Schließung der Heiligen Pforte. Bei dieser Gelegenheit wurde die Stimme des Instruments im internationalen Fernsehen übertragen und von ungefähr 600000000 Menschen in 40 Ländern gehört.«
Im Namen aller Pfeifenorgeln protestiere ich gegen diese Bevorzugung eines Elektriums.

O du, nicht Braut mehr, Gattin, Männin, Weib!
Nun ist's geschehn!

G. Jahn, *Die Trauung*

6.
Die Ehe als heilvolle Bremse

Frauen und Pfarrerinnen in der Kirche

Frauen dominieren in der Kirche überall dort, wo sie nichts zu sagen, nichts mitzubestimmen, nichts zu entscheiden haben. Sie sind gefragt, wenn ehrenamtlich zu helfen ist, wenn geputzt wird, Kuchen für ein Gemeindefest gebacken, Kaffee am Altennachmittag ausgeschenkt wird. Sie stellen die Mehrheit der Gottesdienstbesucher, und manchmal meint man, in der Kirche seien die Männer ausgestorben. Frauen haben die Mehrheit im Kirchenchor, in der Helferschar. Nur wo Macht ausgeübt wird, da fehlen sie: Keine Landeskirche wird von einer Frau geleitet. Und unter den Oberkirchenräten, Pröpsten oder Superintendenten findet man sie auch nicht.
Die Herren denken, die Damen beten. Im Amtsblatt der Evangelischen Kirche in Hessen und Nassau findet sich am 28. Juni 1948 eine Mitteilung der Kirchenleitung mit der bezeichnenden Anrede: »An die Herren Pfarrer!« Danach führt die Oberin einer Schwesternschaft Beschwerde, daß in vielen Kirchen nur für die kriegsgefangenen *Brüder* gebetet werde, verschleppte oder gefangene Frauen seien nicht ins Gebet eingeschlossen. Wenn Männer beten, vergessen sie auch dort noch die Frauen.
Nun, die Unterdrückung der Frau hat Tradition, und selbst dort, wo Männer die Frauen aufwerten wollen, diskriminieren sie sie noch. Wichern, zweimal verheiratet, nimmt beispielsweise 1856 die Hausfrauen in Schutz (»Der Dienst der Frauen in der evangelischen Kirche«), indem er die Hausar-

beit aufwertet. Dem Manne erscheine das Hausfrauenwerk klein, unbedeutend, aber von Gott ist sie hoch angesehen. Denn mit ihrer Treue, Opferwilligkeit und durch »die stille Einfalt der weiblichen Seelen« werde die große göttliche Ordnung zusammengehalten. Staubtuch, Putzlappen und Kochlöffel verwandeln sich in der Theologie des Mannes zum Missionsgerät, sind das wahre Handwerks- und Rüstzeug, das Reich Gottes zu bauen oder besser: zu erhalten, zu bewahren, zu beschützen. Die Apostel werden bei Wichern zu »Hausfrauen Christi« (ein rührender Versuch, die Hausfrau auf das Podest zu heben), denn dienten sie nicht bei Tische, wenn Jesus das Abendmahl austeilte?

Welchen Dienst das Dummchen Frau in der Kirche leisten könnte, darüber haben sich die Pfarrherren bisweilen wirklich die Köpfe zerbrochen. In einem Aufsatz von 1901 (»Frauennot und Frauendienst«) wird die wahre Berufung »unserer« Pfarrfrauen und Pfarrtöchter in der Pflege entdeckt. Die Pfarrfrau und -tochter ersetzt die Krankenschwester. Und im Aufruf zur Gründung des Deutsch-Evangelischen Frauenbundes (»Liebe Mitschwestern! Liebe Glaubensgenossinnen!«) entdecken die Dummchen ihre wahre weibliche Natur: »Die Würde der Frau besteht vor allem im Dienst!« Sie schmachten nach dem Dienen: »Der mächtige Zug jedes edlen Weibes geht auf Warten, Pflegen, Helfen.«

Die Frauen waren bis zum 15. Mai 1908 nach einem preußischen Gesetz von 1850 politisch steril: »Politischen Vereinen«, so heißt es, »ist die Aufnahme von Frauenspersonen, Schülern und Lehrlingen verboten. Auch dürfen solche Personen nicht an Versammlungen und Sitzungen telnehmen, bei denen politische Gegenstände verhandelt werden.« Die Frauen zählten also zu den Unmündigen, werden aber nach dem Motto »Je dümmer, desto nützlicher« für den »Dienst in Kirche und Volk« rekrutiert.

Am Anfang der kirchlichen Frauenbewegungen steht ein Aufruf der Kaiserin Augusta Viktoria von 1897 an die »evangelischen Frauen und Jungfrauen«. Ein Licenziat Weber beruft dann 1899 einen Frauentag ein, der zur Gründung des Deutsch-Evangelischen Frauenbundes führte. Das Ziel der Edlen war, Eingang »in die christlich-konservativen Kreise« zu finden, »als deren rechten Flügel wir uns betrachten«. So Paula Müller-Otfried anno 1901. Und eine Gräfin Bernstorff (Proletenfrauen hatten mit den evangelischen Frauenverbänden nichts zu tun) spricht den schönen Satz, der dem Eheherren so wohl tut: »Wir wollen nicht herrschen, sondern dienen.«

Noch 1914, schildert Eva Senghaas-Knobloch in ihrem Buch *Die Theologin im Beruf*, erklärt der Zentralausschuß der Inneren Mission das Frauenstimmrecht als in jeder Form unvereinbar mit kirchlichen Grundsätzen. Die evangelischen Damen-Vereine kämpfen *gegen* die Emanzipation der Frau. Während die anderen Frauenverbände politisches Wahlrecht fordern, erstreben die evangelischen Frauenverbände nur das Wahlrecht in der Kirche. Gegen die Emanzipation ziehen sie zu Felde, als nähme man einer Mutter das Kind fort. (Das kirchliche Wahlrecht schenkte man den Dulderinnen im übrigen nach dem Ersten Weltkrieg.)

Die Männer hegen ihre Dummerchen, solange es geht. 1899 eifert ein Mann auf der kirchlich-sozialen Konferenz: »Unsere Zeit stellt alles in Frage. So müssen sich auch die lieben(!) Frauen gefallen lassen, daß aus ihnen eine Frage gemacht wird. Von einer Frauenfrage, die etwas Wesentliches in der Stellung des ganzen Geschlechts betreffen sollte, müssen wir selbst den Namen ablehnen. Wir begeben uns damit in Feindesland. Uns«, womit er natürlich die Männer meint, »ist sie keine heikle Frage.«

In einem Buch, um die Jahrhundertwende verfaßt, schreibt ein Pfarr-Herr: »Grüß Gott euch, ihr werten Pfarrfrauen in deutschen Landen, die ihr mitten im Leben steht mit seinem Rennen und Laufen, mit seiner Küche und Kinderstube!« Auch die Pfarrerbräute bekommen ihr Grüß-Gott, »die ihr vom künftigen Pfarrhaus und Gotteshaus träumt und von all dem heiligen Samen, den ihr an der Seite des Geliebten einst streuen wollt«. Zum Glück, schreibt der Autor, gäbe es nur wenige übergebildete Pfarrfrauen, die nicht eher zufrieden seien, als bis sie auf der Höhe der Forschung stehen und womöglich mit griechischer, lateinischer und hebräischer Wissenschaft gespeist sind. Für Pfarrfrauen gibt es keine Frauenfrage, bestimmt der Pfarrherr, denn die Frauenfrage hat für »unsere« Pfarrfrauen »ja insofern eine Lösung gefunden, als ihnen der geliebte (Pfarr-) Herr und Herd beschert ist«.

Den Theologinnen (1976 zählte man in der Bundesrepublik 718 oder 4,6 Prozent aller Pfarrer) erging es nicht besser. Männliche Zucht hielt sie lange von Kanzel und Sakramentsverwaltung fern. Ab Ende der zwanziger Jahre dienten die Theologinnen nicht mehr ausschließlich an Krankenbett und pfarrhäuslichem Herd, sondern durften auch an Frauen, Jugendlichen und Kindern Seelsorge betreiben. Als Titel fiel ihnen »Vikarin« zu. Der Titel »Vikar« bezeichnet einen männlichen Theologen, der im letzten Stadium seines Ausbildungsgangs ist. Die Vikarinnen dagegen waren voll ausgebildete Theologen.

Während der Hitlerzeit gehörten (im Gegensatz zu den männlichen Kollegen) fast alle Theologinnen der Bekennenden Kirche an, standen also in Opposition zum Naziregime. Die Theologinnen durften in den verwaisten Pfarreien Dienst tun, da die Männer im Krieg waren. Nach Kriegsende änderte sich das Bild wieder. Nun galt es wieder als theologisch unmöglich, Frauen auf die Kanzel steigen zu lassen. 1949 erläßt zum Beispiel die Hessen-Nassauische Landeskirche eine »Verordnung über die Verwendung (!) von Vikarinnen im kirchlichen Dienst«. Als Vikarin kann eine evangelische Frau angestellt werden, wenn sie mindestens 25 Jahre alt, sittlich unbescholten, geistig gesund und frei von körperlichen Gebrechen ist, die sie in der Ausübung des Amtes behindern. Mit der Eheschließung scheidet sie aus dem Amt wieder aus. Sie erhält nur 80% des Gehaltes der männlichen Pastoren. Auch ohne Heirat kann sie in den Ruhestand versetzt werden, »wenn aus anderen Gründen eine gedeihliche Weiterführung ihres Amtes nicht mehr zu erwarten ist«.

Zehn Jahre später regelt ein Kirchengesetz die Berufung von Frauen in den pfarramtlichen Dienst. Auch hiernach endet der Dienst der Pfarrerin mit der Heirat. Das Gehalt geht bis zum Ende des Hochzeitsmonats. Stirbt ihr Ehegatte, darf sie wieder auf die Kanzel. Wiederum zehn Jahre später (bei der Landeskirche schleppt sich der Fortschritt für Frauen in Dekaden voran) wird die Berufung der Frauen neu geregelt: Die Amtszeit der Pastorin endet mit der Heirat, wenn die Pastorin es selbst beantragt oder – und hier sitzt wieder der maskuline Pferdefuß – »wenn eine wesentliche Beeinträchtigung des Dienstes festzustellen ist«. Die Entscheidung fällt

die (männliche) Kirchenleitung im Einvernehmen mit Pfarrerausschuß und Kirchenvorstand. »Die Pfarrerin«, heißt es großmütig, »ist vorher zu hören.« Es wäre eigentlich noch schöner, wenn man sie nicht mal hören würde.
Was eine verschüchterte Pfarrhaus-Eva alles reproduzieren kann, zeigt der Band *Amt und Auftrag der Theologin* (1963). Da berichtet eine, wie froh sie ist, daß sie nach der richtigen Pfarrerarbeit während des Krieges später eine »begrenztere Tätigkeit« erhält: eine kleine Gemeinde am Stadtrand von Hameln mit einer schönen alten Kapelle. Und eine zweite Pfarrhaus-Eva berichtet verzückt, kritiklos positiv, herzklopfend, wie sie 84 Mädchen »selbst« konfirmieren durfte! An die Buben hat man sie allerdings nicht herangelassen.
In Bayern war es um 1963 Brauchtum, daß eine Frau, die zur »Mitarbeit im geistlichen Amt« zugelassen wurde, ausreichende Kenntnisse in Stenografie und Schreibmaschine nachzuweisen hatte. In ebendiesem Land haben 1974 drei Pfarrer die evangelische Kirche verlassen und sind (zum Teil mit Frau und Kindern) in die katholische Kirche eingetreten. Alle drei, die wie erwähnt, teils mit Weib und Kindern ins zölibatäre Priesteramt übersiedelten, gehörten einem Arbeitskreis an, für den die Rolle der Frau in Kirche und Amt den Stein des Anstoßes bildete.
Eva Senghaas-Knobloch führt eine Berliner Erhebung von 1963 und 1965 an, die die Ängste der männlichen Pastorenwelt deutlich erkennen läßt. Ein 50jähriger befürchtet, eine Frau als Pfarrer könnte sich als rücksichtslose Vorgesetzte auch älteren Pfarrern gegenüber aufspielen. Ein 64jähriger denkt an das »Physische«! Und daß der Vikarin die »sorgende Pflege« fehle, »die wir Pfarrer durch unsere Ehefrau haben«. Ein 37jähriger wärmt auf, Frauen gehörten *an* den Kochtopf. Ein 56jähriger meint, die Frau gehöre *hinter* den Kochtopf und könne nur schwer sachlich bleiben. Daß sich dieser Ehegespons in der Küche selten umgetan hat, wird an seiner Sprache deutlich: Hinter dem Kochtopf ist in der Regel wenig Platz für den Koch, alldieweil Herde an der Wand zu stehen pflegen und der verbleibende Spalt einer Frau kaum Platz bietet.
Ein 56jähriger sieht in der Frau die Gebärende, Hegende, Fürsorgende; dies seien naturgebundene Geschlechtsmerkmale – was man von Predigt und Seelsorge wohl nicht be-

haupten kann. Der letzte, der hier zitiert werden soll, 37jährig, meint es gut mit der Vikarin. Sie soll nicht zum Zölibat gezwungen werden, denn: »Wo der Mann fehlt, neigt die Frau zum männlichen Stil und wirkt unnatürlich.« Deshalb schlägt er die Ehe als eine Art Vollbremsung gegen Vermännlichung vor: »Eine vernünftige Ehe kann zur heilvollen Bremse für die Vikarin werden.«
Die männliche Pfarrfrau als Bremse? Durch Beischlaf zur Demut? Durch Kindergebären zur Sanftmut? Wie sagte doch der Pastor: Die Frauen können nicht sachlich bleiben.

Es jauchzt die Braut ihr Ja!
Es füllen sich die Hallen,
Der Priester ist auch da.

A. Tholuck, *Am Hochzeitstage*

7. Aber katholisch darf die Pfarrfrau nicht sein

Sollte einen Theologiestudenten das Gelüst packen, ein Mädchen zu küssen, tut er gut daran, sich vor dem Austausch der Zärtlichkeit den Konfirmationsschein zeigen zu lassen. Denn die Braut muß evangelisch sein, besagt das Kirchengesetz. Die Vereinigung Rheinischer Vikare hat 1976 eine Dokumentation darüber vorgelegt, wie es protestantischen Pfarrern ergeht, wenn sie eine Katholische zur Frau nehmen wollen.

»Der Ehegatte muß der evangelischen Kirche angehören«, besagt klipp und klar das Kirchengesetz. Ausnahmen sind nur in besonders begründeten Einzelfällen möglich. Wie dies gehandhabt wird, soll gleich noch gezeigt werden. »Das gliedkirchliche Recht... kann auch bestimmen, daß der Eheschließung widersprochen und das Ausscheiden des Pfarrers aus dem Dienst, seine Abberufung aus der bisherigen Pfarrstelle oder seine Versetzung in den Wartestand angeordnet werden kann.« Die vielgepriesene evangelische Freiheit endet, wenn eine Katholikin Tisch und Bett des Pfarrers teilen will. Wenn ein Pastor heiratet, heiratet die Kirchenleitung mit.

Die Dokumentation nennt 21 Fälle (zwischen 1970 und 1976). Ein solcher Fall ist der des Vikars Gerhard B., der am 15. September 1975 dem Landeskirchenamt sittsam mitteilt (»Betr.: Beabsichtigte Eheschließung«), einer Katholikin das Jawort geben zu wollen. Vorbeugend schreibt er an die Kirchenleitung, über den Herrn Superintendenten (dies der Dienstweg): »Selbstverständlich werden wir evangelisch getraut und sind uns darin einig, zu erwartende Kinder evangelisch zu taufen und zu erziehen.« Doch das Landeskirchenamt will die Beute ganz: Die Braut muß evangelisch werden, sonst kann der Vikar nicht zum Pastor avancieren.

Das Landeskirchenamt umgarnt die katholische Heidin jedoch erst einmal mit sanftem, seelsorgerlichem Zwang: Dem sehr geehrten, lieben Herrn B. wird am 3. März 1976 mitgeteilt, man habe zur Kenntnis genommen, daß die Frau »nicht gewillt ist«, in die evangelische Kirche einzutreten. Der Vikar darf jedoch das Vikariat beenden, »um Ihrer Braut Zeit für die zu erwartende Konversion zu lassen«. Man verkehrt kirchenrechtlich-geschäftlich: erst die Konversion der Ehefrau, dann das Pfarramt.

Zwar ist das Presbyterium, das sind die Kirchenältesten, die von den Gemeindemitgliedern gewählte Gemeinderegierung, mit einer katholischen Pfarrfrau einverstanden und empört über die Kirchenoberen in Düsseldorf, aber das zählt bei der Kirchenleitung nicht: »Die Übernahme in das öffentlich-rechtliche Dienstverhältnis erfolgt, wenn Frau B. in die evangelische Kirche aufgenommen worden ist.« Diese Praxis kommt einem Berufsverbot gleich: Wer eine Katholische ins Pfarrhaus holt, obgleich die Kirchenoberen doch von der Ökumene so gerne festreden, wird nicht in das Beamtenverhältnis übernommen. Heuchelt dagegen die Pfarrfrau und tritt formal und unter Zwang in die evangelische Kirche ein, dann steht dem Dienst als Gottesknecht nichts im Wege. Eines ist sicher: Der Herr Jesus kannte keine Kirchenräte und Kirchenjuristen. Es wäre sonst ein Wehe-Ruf überliefert worden.

Der zweite Fall ist anonym dargestellt. Das Vergehen ist das gleiche, das Vorgehen auch. Mit einer »freundlichen Empfehlung an Ihr Fräulein Braut« teilt ein Oberkirchenrat Qu. dem Sünder mit: »Wir haben volles Verständnis, daß ein Wechsel des Bekenntnisses Ihres Fräulein Braut nicht von heute auf morgen stattfinden kann. Hierzu ist sicher eine grundsätzliche und zeitlich nicht bedrängte Besinnung und Entscheidung erforderlich!« Die Frau solle nicht zum Übertritt bedrängt werden, schreibt Qu. mehr als ein Jahr später, aber »vertraulich« fragt er bei dem Ehegatten an, wie es mit

der konfessionell Verbockten stehe. »Es wäre natürlich wünschenswert, wenn wir vor Abschluß Ihres (Zweiten) Examens zu einer Klärung kämen.«
Ein Duz-Freund des Oberkirchenrats schaltet sich ein, die Frau Pastor befinde sich in großer Not. »Soll man nicht warten, bis sie sich entschlossen hat, überzutreten?« Daß übergetreten werden muß, daran besteht offenbar im Lande der Religionsfreiheit kein Zweifel. Das Opfer soll nur meinen, es tue es freiwillig. Bei einer Sitzung in Düsseldorf (September 1973) wird den beiden Konfessionsgeschiedenen die Lage wie störrischen Eseln beigebracht: »Sie, Herr . . ., stehen vor einem Tor, durch das Tor kann man nur schreiten, wenn bestimmte Bedingungen erfüllt sind.« Zwar meint die Frau Pastor, laut Grundgesetz dürfe ihr durch die Ausübung ihrer Religion kein Nachteil entstehen, doch da kann ein gewiefter Landeskirchenrat nur milde lächeln: ». . . um das gleich zu beantworten. Es heißt aber auch, die Kirchen regeln ihre Angelegenheiten selbst.«
Mit »allen guten Wünschen auch für ein gesegnetes Christfest« beschreibt Landeskirchenrat Br. noch einmal die Lage (da der Brief über den Dienstweg läuft, erreichen die Weihnachtsgrüße die Ökumene-Rebellen erst im Januar!): »Eine Pfarrfrau, die am Sonntagmorgen zur Messe geht . . ., das ist eine schwer erträgliche Vorstellung. Das läßt sich natürlich nicht aus der Bibel belegen.« Dabei hält es die evangelische Kirche eigentlich betont mit der Schrift. Treuherzig bekennt der Kirchenrat, die Kirche heute sei als eine Körperschaft öffentlichen Rechts mit ihrer »Dienstherrenfähigkeit« mit der Urkirche nicht zu vergleichen. Das Pfarrergesetz sei dem Neuen Testament unbekannt. Niemand wird ihm widersprechen.
Im Falle des Vikars Reinhold H. reichte dessen Vater, Pastor Th. H., gar die sofortige Beurlaubung aus dem Dienst ein (12. Mai 1976): »Muß ich mich jetzt nicht anklagen, daß ich in meiner Gemeinde bei der ökumenischen Arbeit mitgewirkt habe, weil sie meinen Sohn dazu verführte und ermunterte, auch mit katholischen Christen Umgang zu haben . . . Muß ich mich jetzt nicht anklagen, meinen Sohn nicht mit Katholikenhaß davor abgeschreckt zu haben, eine katholische Christin zu lieben?« Theologieprofessor Manfred Josuttis sparte auch nicht mit Kritik. Er nennt die Hal-

tung der Evangelischen Kirche im Rheinland »eine unevangelische, bürokratische Einschränkung der bürgerlich und theologisch begründeten Rechte von kirchlichen Mitarbeitern auf freie, selbstverantwortliche Wahl ihres Ehepartners«. Josuttis wünschte der Kirchenleitung »einige Weisheit«.

Nun gibt es im Rheinland Bestrebungen, das Kirchengesetz etwas weniger kirchenjuristisch und dafür evangelischer anzuwenden. Welches Glück könnte ein Kirchenbürokrat auch empfinden, die Braut zwangsweise evangelisch zu machen, wie im zweiten der geschilderten Fälle geschehen? Wie glaubwürdig ist eine Kirche, die ihre ökumenische Haltung beteuert, eine Katholische aber aus dem Pfarrhaus jagt? Konfessionsverschiedene Ehen sind unter Christen üblich, nur beim Pastor hört die brüderliche Liebe auf? Bei konfessionsverschiedenen Pfarrer-Ehen heißt die Parole: Bist du nicht willig, so brauch ich Gewalt. Ist das nicht Notzucht?

Eine Pfarrfrauen-Kollegin von mir, von der Hannoverschen Landeskirche »blind (und ohne Konfessionsnachweis) in ihre Pfarrfrauenriege« aufgenommen, sieht in diesem Vorgehen den ersten Schritt zu einer Art kirchlicher Radikalenerlaß mit Anhörungsverfahren. Nur daß es hier um die richtige Konfession geht: »Wie lange wird es noch dauern, bis auch evangelische Bräute die Richtlinien ihrer Kindererziehung rechtfertigen müssen, bevor ihr Mann das Recht zur Wortverkündigung erhält?«

Ein evangelischer Laie (das heißt im Kirchendeutsch: ein Nichttheologe) erboste sich über diese Praxis: »Aufgrund von vielfältigen Erfahrungen mit sogenannten ›Kirchenmännern‹ in einer Reihe von kirchlichen Laienämtern bin ich weit davon entfernt, ohne weiteres vorauszusetzen, daß Superintendenten, Oberkirchenräte und kirchliche Würdenträger in ähnlichen Stellungen notwendig gleichzeitig Christen sind. Daß sie aber nicht einmal genügend von Theologie verstehen, um zu merken, daß ihre Haltung selbst von dem Apostel Paulus nicht geteilt wird, der bekanntlich mit Frauen und Ehe nicht sehr viel zu tun haben wollte, ist mir ein Novum.

Ich verweise auf den ersten Korintherbrief, Kapitel 7, Verse 12–14. Hier schreibt er: ›Wenn ein christlicher Bruder eine Ungläubige zur Frau hat und diese einverstanden ist, weiter-

mit ihm zu leben, so soll er sie nicht entlassen‹ – ich setze hinzu, so kann er sie durchaus auch heiraten –, ›denn‹, so Paulus weiter, ›die ungläubige Frau ist durch den Glaubensbruder geweiht, also geheiligt.‹ Ich erlaube mir die Frage: Ist der Oberkirchenrat Qu. denn über Paulus in Ihrer von Luther geprägten Kirche?«
Nun, ein Oberkirchenrat steht nach evangelischer Lehre natürlich nicht über dem Apostel Paulus. Aber er entscheidet.
Inzwischen darf im Rheinland eine Pfarrfrau auch mal katholisch sein. Da gibt es neuen Ärger um Theologenbräute: Der Ausbildungsreferent der Evangelischen Landeskirche von Kurhessen und Waldeck (Kassel) wird spätestens seit 1977 vom Triebleben seiner Theologiestudenten geplagt. Monatelang wird in der nordhessischen Landeskirche über den Beischlaf theologisiert.
Auslöser der Erregung ist ein Brief von Oberlandeskirchenrat Dr. L., den dieser zu Weihnachten 1977 seinen Studenten bescherte. Darin entsinnt sich L. der Zeiten, da er selber noch ein skeptischer Student war. »Später haben sich die Dinge wieder zurechtgerückt, ist Vernunft nachgewachsen.« Der höchste Ausbilder der nordhessischen Jung-Theologen schwärmt von Gottes Zugriff: »Das beglückt, kann aber auch weh tun.«
L.'s nachgewachsene Vernunft offenbarte ihm, daß etliche seiner Studenten in eheähnlichen Verhältnissen leben. »Ich weiß«, gesteht er ihnen zu, »Sie haben diese Lebensform nicht erfunden, sondern ahmen nur nach, was vor Ihnen gang und gäbe ist. Aber kann das für einen Theologen schon eine Erklärung sein, so zu leben wie Herr Jedermann?«
Wahrlich: Herr Jedermann mag zwar als Kirchensteuerzahler aller Ehren wert sein, als Keuschheitsmodell taugt er wenig. Einen zukünftigen Pfarrer erwartet nämlich ein entsagungsreiches Leben: »Wer mit seiner Sexualität nicht umzugehen lernt, sondern so rasch wie möglich Befriedigung sucht, wird den Belastungen und Verzichten eines Pfarrerlebens kaum gewachsen sein.«
Soweit die Weihnachtsbescherung aus der landeskirchlichen Hauptstadt Kassel. Die Theologiestudenten Nordhessens erregten sich und verschafften sich Triebabfuhr in Flugblättern. »Klerikalkastrat« war die häßlichste Beschimpfung.

L.'s Weihnachsbotschaft erteilten sie das Prädikat »Besonders peinlich«. Die in Zucht genommenen künftigen Pfarrer texteten: »Da steh ich nun ich armer Tor und bin so scharf als wie zuvor.«

Doch der Ausbildungsreferent fand auch Zustimmung. Im Informationsblatt der Theologiestudenten meldete sich ein 33jähriger Student, verheiratet, »in Kürze drei Kinder«. Vor zehn Jahren habe er ein Mädchen kennengelernt und jeden Tag mit ihr geschlafen. »Das lenkte mich sehr vom Studium ab.« Doch eines Tages, nachdem ihm die Gespielin weggelaufen war, sprach ein Bibelwort zu ihm. »Ich erhielt einen Frieden, den ich nie gekannt hatte.« Als fast täglicher Beischläfer muß er es beurteilen können.

Der theologisch gebildete Vater dreier Kinder berichtet, daß auch er vom Trieb immer noch angefochten werde. Er lebt während des Semesters von seiner ihm angetrauten Sexualpartnerin getrennt, sieht Weib und Kinder nur am Wochenende. Sein Trost an die Kommilitonen: »... das dürft ihr mir ruhig glauben, daß Jesus da die Hilfe ist.«

Monatelang kämpften die Theologiestudenten von Kurhessen und Waldeck gegen Geschlechtsverkehr und alle Triebregungen mit theologischen Waffen. Das unterscheidet sie tatsächlich von Herrn Jedermann. Geradezu besorgt stellt ein Student fest, daß eine der ersten göttlichen Anweisungen im Alten Testament befiehlt: »Seid fruchtbar und mehret euch!«

Seitdem wird in Nordhessen die Bibel nach triebträchtigen Stellen durchforstet. Ein Student fand eine Entscheidungshilfe: »Kann ich die Freude des Geschlechtsverkehrs mit dem Partner ›mit Danksagung empfangen‹ (1. Timotheus-Brief 4,4)...?« Sollte das die Lösung sein? Die Danksagung vor dem Beischlaf wie das Tischgebet vor dem Essen? Oder vielleicht doch lieber landeskirchliche Keuschheitsgürtel?

8.
Bei Pfarrers kriselt es

Immer mehr Pastoren lassen sich scheiden

Früher galt das deutsche Pfarrhaus als das Urbild der bürgerlichen Familie: traut vereint das Ehepaar, die Kinder spielend zu seinen Füßen. Das Bild wird zwar noch propagiert, und geschiedene Pfarrer werden möglichst unauffällig (straf-)versetzt, aber es läßt sich nicht länger verheimlichen: Bei Pfarrers kriselt es. Mehr und mehr Pastoren, die ihren heiratswilligen Schäfchen noch die Trauformel »... bis daß der Tod euch scheidet« vorhalten, lassen sich selber scheiden. Die Lage ist so ernst, daß die evangelische Landeskirche in Bayern 1979 eine Broschüre mit dem Titel *Überlegungen zur Pfarrersehe* herausgab.
Wo die anderen Landeskirchen noch schamhaft schweigen, bekennt die bayerische Kirche: »Während früher die Scheidung von Pfarrersehen deutlich unter der allgemeinen Scheidungsziffer lag, ist in den letzten Jahren eine Annäherung erfolgt.«
Ausgangspunkt der bayerischen *Überlegungen* ist eine Umfrage von 1977. Befragt wurden Ehepaare, die zwanzig, zehn oder erst fünf Jahre verheiratet waren. Ergebnis: In den Pfarrhäusern breitet sich Resignation aus. Mehr als die Hälfte der schon zwanzig Jahre verehelichten Pfarrersleute sehen ihre positiven Vorstellungen vom Pfarrhaus als nicht erfüllt an. Bei den zehnjährigen Pfarr-Eheleuten sind es sogar 60 Prozent. Und selbst bei jenen, die erst fünf Jahre verheiratet sind, mögen nur 33 Prozent eindeutig bejahen, daß sich ihre Erfahrungen mit den Erwartungen decken.
Nun sind die Erwartungen auch sehr hoch: Vorbilder wollten sie sein, im Geistlichen wie im Weltlichen, eine Modellfamilie mit »Superkindern«. In allen Lebenslagen wollten sie Hilfe geben, für alle Probleme wollten sie Verständnis zeigen. Kontaktfreudig, freundlich, ausgeglichen, lebensbejahend, gelassen und selbstsicher wollten sie sein. Das Pfarr-

haus als Insel der Seligen in einer unseligen Welt, der Pfarrer als heilbringender Helfer – das sind schon sehr weltentrückte Vorstellungen.
Die größten Probleme der bayerischen Pfarreheleute sind: zu wenig Freizeit, Überlastung, zu hohe Erwartungen der Gemeinde an sie, Eheschwierigkeiten, Eltern-Kind-Beziehungen und Rollenkonflikte. Tatsächlich müssen Pfarrer und Pfarrerinnen ein Arbeitspensum erledigen, als habe es nie Gewerkschaften und eine 40-Stunden-Woche gegeben: Sie müssen immer erreichbar sein; sie arbeiten sonntags wie werktags, morgens, abends, auch nachts, wenn sie gerufen werden. Sie haben nur einen freien Tag, den aber niemand respektiert, weil zum Beispiel eine Beerdigung ansteht.
Ein Pfarrer (eine Pfarrerin) ist ein Tausendsassa, ein Alleskönner: Er ist traurig mit Traurigen, fröhlich mit den Fröhlichen, kann's mit den Alten wie mit den Jungen. Nach einer Beerdigung tröstet er die Angehörigen und eilt anschließend nicht selten zum Konfirmandenunterricht, wo die Kinder keine abgeschlaffte Figur erwarten.
Der Pfarrer soll beim Unterricht ein guter Pädagoge sein, beim Predigen eine Posaune des Herrn. Er gilt als verständnisvoller Ehepartner und Vater (Mutter). Verwaltungsaufgaben löst er nebenbei. Manchmal leitet er auch noch den Kirchenchor. Das alles mit einer Ausbildung, die ihn wohl qualifiziert, Theologieprofessor zu werden, auf die Berufspraxis jedoch nur mangelhaft vorbereitet.
Und weil der Pfarrer ein Pfarrer ist, bewältigt er rundum alles kraft seines Amtes, oder kirchlich formuliert: kraft seines gelebten Glaubens. Wer glaubt, kann eigentlich gar nicht fehlen. Er findet Kraft im Gebet. Schafft er es nicht, ist sein Glaubensleben nicht in Ordnung. Die Rollenerwartung ist schon teuflisch.
Nach den *Überlegungen* der bayerischen Landeskirche aber ist die Emanzipation der Frau am Scheitern der Pfarrerehen schuld. Auch fehle der »Wille zum Kind«: »Wenn Kinder nicht mehr als Bereicherung, sondern vornehmlich als Belastung gesehen werden, nimmt der Wille zum Kind ab, was sich auch auf das Verständnis der Ehe auswirkt.«
Die bayerischen Kirchenherren mahnen in ihrer Broschüre, die Ehe sei monogam und unauflöslich, »denn nach dem Neuen Testament ist die Ehescheidung eine Folge der

Sünde, der menschlichen Unzulänglichkeit und freilich auch von widrigen Umständen«. (Im Himmel wird es diese Probleme allerdings nicht mehr geben, denn wir haben im Matthäus-Evangelium ein Jesus-Wort, daß dann niemand mehr heiratet oder geheiratet wird.)

Den Empfehlungen für ein problemloses Eheleben ist anzumerken, daß sie aus dem Kopf eines Mannes kommen: »Auch die berufstätige Pfarrfrau wird sich dem engagierten Interesse am Beruf ihres Mannes nicht entziehen können, wenn sich die Ehegatten nicht einander entfremden sollen... Deshalb braucht der Pfarrer im besonderen Maße Verständnis, Geduld und Ermutigung seines Ehegatten. Ein Theologe wird das bei der Wahl seines Ehepartners sorgsam bedenken.«

Nun kriselt es in vielen Pfarrhäusern gerade deshalb, weil die Interessen der Frau (etwa die Hälfte hat laut Umfrage eine akademische Ausbildung) dem Beruf des Mannes immer untergeordnet wurden. Eigene Freunde und Bekannte hat die Pfarrfrau nicht, sie kennt Freunde nur durch ihren Mann, den Pfarr-Herren. Nicht alle Frauen aber finden ihre Erfüllung darin, des Gatten Talar zu bürsten, unbezahlte Sprechstundenhilfe mit Trauschein zu spielen, geduldig zu warten, bis der Amtsträger spät abends nach Hause kommt.

Klaus Thomas, Experte in Selbstmordfragen, berichtet in dem Herder-Taschenbuch *Warum weiter leben? Ein Arzt und Seelsorger über Selbstmord und seine Verhütung,* daß »die größte in sich geschlossene Berufsgruppe unserer ärztlichen Lebensmüdenberatung die kirchlichen Amtsträger beider Konfessionen sind. Über tausend von ihnen haben sich bisher in letzter Verzweiflung an uns gewandt.« Die Mehrzahl dieser Verzweifelten sind nicht etwa katholische Priester, die ehelos leben müssen. Klaus Thomas: »Wieviel häufiger sind Pfarrer – und vor allem Pfarrfrauen – an den verhängnisvollen ›ekklesiogenen Neurosen‹ erkrankt, die mit ihren häufigen Symptomen der Frigidität, der Impotenz, der Perversionen aller Art, der Skrupel und Hemmungszustände das Ehe- und Berufsleben nicht geringfügig belasten.«

Traurige Konsequenz für die Betroffenen: »Mag jeder Mensch sonst wissen, an wen er sich in der Not seines Herzens wenden kann – nämlich an seinen Seelsorger –, an wen soll sich der Seelsorger wenden?« Der Pfarrer kann, jedenfalls nach dem bayerischen Lagebericht, solche Konflikte eigentlich gar nicht haben, weil »im Glauben an Christus« auch Eheprobleme gelöst werden.

Eine unerträgliche Lebensgeschichte schildert Thomas: Ein 35jähriger Pfarrer ist mit einer bevormundenden und herrschsüchtigen Frau verheiratet. Er beginnt, heimlich, eine 14jährige Konfirmandin zu verehren. Je tiefer er in Konflikte mit seiner Frau gerät, desto größer wird seine Liebe zur ehemaligen Konfirmandin. Mit 18 bekommt sie ein Kind von ihm.

Eine Katastrophe. Nach mühseligen Verhandlungen gelingt es, daß er nicht aus dem Amt gejagt wird. Die kirchlichen Auflagen: Er darf in einer anderen Landeskirche Klinikpfarrer werden, wenn er sein Kind und dessen Mutter nie wiedersieht. Seine Ehefrau kontrolliert fortan jeden Brief, jeden Pfennig seiner Einnahmen und Ausgaben. Heimlich arbeitet er in einer Nachbarstadt als Autowäscher, um seinem Kind und seiner Mutter Geld schicken zu können. Zweimal hat er einen Herzinfarkt. Er überlebt nur deshalb, weil er in der Klinik sofort behandelt werden kann.

Kind und Mutter sieht er ganz selten, heimlich. Er bewirbt sich 130mal um eine neue Stelle, ergebnislos, weil er als zu alt und zu krank gilt. Mehrfach wollen sich die beiden Liebenden umbringen. Dann erwartet seine Freundin wieder ein Kind. Nun will er die Scheidung. Dank seiner hervorragenden beruflichen Beurteilung und dank der Fürsprache »hochgestellter Persönlichkeiten« wird ihm ein Gnadenakt der Kirche zuteil: Er darf als Bürokraft bei der Kirche bleiben (mit entsprechend geringerer Bezahlung).

Doch die »Vergünstigung« hat ihre Auflagen: Er darf weder Ehefrau noch eheliche Kinder, weder Freundin noch deren zwei Kinder jemals wiedersehen. Er darf nicht einmal mehr in die Wohnung, um seine Sachen zu holen. Auf der Straße soll ihm ein Koffer mit persönlichen Habseligkeiten ausgehändigt werden, auf der Straße soll er von seinen ehelichen Kindern Abschied nehmen. Da bricht er wieder mit einem Herzanfall zusammen: »Eine solche Grausamkeit der Kirche, der ich lebenslang gedient habe, kann ich nicht fassen.

Ihr kann ich auch in Zukunft nicht mehr dienen, nicht einmal im Büro.«

Wenn es um die Moral ging, handelte die Amtskirche schon immer unbarmherzig. Liebe und Vergebung gehören zwar in jede Sonntagspredigt, aber das Leben des Pfarrers regelt das Dienstrecht. »In diesem Fehlverhalten«, urteilt die bayerische Landeskirche über Eheschwierigkeiten, »erkennen wir menschliche Schuld und als deren Folge Gottes Gericht.«

Im Anhang der bayerischen *Überlegungen zur Pfarrersehe* befindet sich noch ein Gebot, wonach – wie im Rheinland – Ökumene wohl beim Beten, nicht aber im pfarramtlichen Ehebett praktiziert werden darf: »Wer einen Pfarrer heiratet, der der katholischen Kirche oder einer anderen nichtevangelischen Konfession angehört, kann in der Evangelisch-Lutherischen Kirche in Bayern nicht ordiniert werden.«

Hoffentlich waren Jesus und seine Jünger alle evangelisch-lutherisch.

9.
Schwule Pfarrer – lesbische Pfarrerinnen

Am Fest der Ausgießung des Heiligen Geistes machte sich Hans Georg Jaekel, Pfarrer und Direktor des Diakonischen Werkes in Berlin, auf, eine alte Schuld der Kirche abzutragen. Pfingsten 1978 schreibt Jaekel das Vorwort zu seinem Buch *Ins Ghetto gedrängt* (Lutherisches Verlagshaus). »Ich bin Christ«, heißt es da, »und werde die Frage nicht mehr los, ob homosexuelle Männer und Frauen nicht genauso wie andere unsere ›Nächsten‹ sind.« Seine Allernächsten hat der Pfarrer dabei vergessen: die schwulen Amtsbrüder und die lesbischen Amtsschwestern.

Das ist kein Wunder. Homosexuelle Theologen haben bislang ihre Veranlagung verschweigen müssen, wollten sie in der Amtskirche arbeiten. 1974 fragte eine Tübinger Initiativ-Gruppe bei den evangelischen Landeskirchen an, wie es denn um die schwulen Amtsbrüder stehe. Antwort: Homosexuelle dürfen nicht auf die Kanzel.

Der evangelische Oberkirchenrat in Karlsruhe schrieb damals wörtlich: »In der Praxis wird eine Anstellung von Bewerbern mit homosexueller Neigung mit Rücksicht auf die Gemeinde und den Umgang mit Kindern und Jugendlichen im Unterricht und in der Jugendarbeit nicht in Betracht kommen. § 2 des Pfarrerdienstgesetzes ... nennt unter den Voraussetzungen für die Anstellungsfähigkeit eines Pfarrers u. a. auch einen Lebenswandel, wie er von einem Diener der Kirche erwartet wird.« Homosexuelle gelten also als potentielle Kinderschänder.

Im Juni 1979 wollte ein Pfarrer nicht länger schweigen. Der 41jährige Pastor Klaus Brinker bekannte seiner Gemeinde in Hannover, er sei homosexuell. Er habe sein Anderssein als ein von Gott auferlegtes Geschick bejahen gelernt. Viele Gemeindeglieder hielten zu ihm. Der Kirchenvorstand mochte jedoch keinen schwulen Pastor. Brinker mußte gehen.

Auf dem Evangelischen Kirchentag in Nürnberg wurden für Brinker 4000 Unterschriften gesammelt. Das Thema ließ sich nicht länger tabuisieren. Eine »Aktion Sühnefasten« protestierte jedoch, daß »perverse homosexuelle Praktiken« mit dem wunderbaren Schöpfungsakt gleichgestellt würden. Und einer der Protestierenden verkündete lauthals, auch »so einer« gewesen zu sein. Doch Jesus habe ihn geheilt.

Im *Montagsboten*, dem Informationsblatt der Theologiestudenten von Kurhessen-Waldeck, bekannten sich Ende Juni 1979 Theologen als Schwule oder Lesben:

Die aggressivste Klage kommt von »Esther«, einer Lesben (Selbstbezeichnung). Sie fragt herausfordernd: »Wie reagiert ihr darauf, daß ich nicht einem Mann den größten Teil meiner Energie zuwende?« Lesben und Schwule, schreibt sie, stellten das traditionelle Ideal »der heterosexuellen lebenslang monogamen Ehe zwecks Produktion und Aufzucht von Nachwuchs in Frage«. Sie durchlöcherten die Normen und lebten im Grunde »Sehnsüchte der rigiden Heteros« aus.

Lesbe »Esther« versucht erst gar nicht theologisch zu argumentieren, sondern spießt die patriarchalische Männerwelt auf: Eine Frau werde in ihrem Frau-Sein einzig durch den Mann erfüllt, so habe sie es gelernt. Frauen existierten nur in bezug auf den Mann. Ob sie hübsch oder häßlich, interessant oder klug, sanft oder aggressiv sind – immer sind es die Männer, die beurteilen.

Die Ablehnung hat biographische Hintergründe: »Wenn ich darunter litt, daß ich mich von meinem Vater unverstanden und ungeliebt fühlte, tröstete mich meine Mutter, daß Männer halt nicht fähig seien, liebevolle Gefühle auszudrücken und ich froh sein könne, einen Vater, der ›gut‹ sei, d. h. nicht schlägt oder säuft, zu haben. Sie beklage sich nicht, denn sie könne über sein Konto verfügen und dürfe sein Auto benutzen.«

Ein Gemeindepfarrer, homosexuell und geschieden, behauptet in einem Artikel »Homosexuelle auf unseren Kanzeln«: »Unter evangelischen Theologen ist der Anteil Homosexueller bestimmt doppelt so hoch wie in der Gesamtbevölkerung. Das wären etwa 10 Prozent. Später als Pfarrer sind die fast alle nicht mehr greifbar. Die meisten sind völlig angepaßt und verheiratet.« Sie heiraten zur Tarnung, denn Verheiratete werden von der Kirchenleitung nicht als Homos geortet.

Die Angst, als Homo enttarnt zu werden, treibt homosexuelle Pfarrer in die Großstadtklos: »Aber woran liegt es denn z. B., daß so viele verheiratete Landpfarrer gelegentlich die öffentlichen Toiletten der nächsten Großstadt besuchen? Es bleibt diesen verängstigten Leuten doch gar nichts anderes übrig. Die Schuld liegt bei denen, die Ängste bereiten und nicht bei uns.« Wäre ein offenes Gespräch mit dem Personalreferenten möglich, »so würde das viele Ängste ersparen und die Flucht in die Ehe wäre weitgehend überflüssig«.

Der homosexuelle Pastor meint, nicht die Homosexualität, sondern der Unglaube disqualifiziere einen Pfarrer. Mit »wärmsten Empfehlungen« und geradezu rührend preist er die Vorteile anders veranlagter Pfarrer. Sie seien alleinstehend, hätten keine familiären Verpflichtungen, die von der Gemeindearbeit abhalten. Sie sind mit einem Maskulinum verheiratet: dem Beruf: »Wir Homos sind mit zunehmendem Alter eigentlich alle mehr oder weniger mit unserem Beruf verheiratet... Macht man mir schon den Anspruch auf partnerschaftliche Liebe streitig, so will ich zumindest den Beruf, den ich liebe.«

Die Gegner der Homos wissen viele Theologen auf ihrer Seite. Thomas von Aquino hat gesagt, die Geschlechtsorgane seien nur zur Fortpflanzung zu gebrauchen. Luthers Kampfgenosse Melanchthon hat von der angeborenen Neigung des Mannes gegen die Frau gesprochen, vom »appetitus naturalis«, dem natürlichen Trieb. Der lutherische Kirchen- und Strafrechtler Carpzow machte 1652 die Homos sogar für »Erdbeben, Hungersnot, Pestilenz, Sarazenen, Überschwemmungen und dicke, gefräßige Feldmäuse« verantwortlich. Auch Karl Barth wollte nichts von Schwulen wissen.

Doch was sagt die Bibel? Ich habe mir alle Stellen angesehen, die in Frage kommen. Einige Stellen sind überinterpretiert oder nicht eindeutig, wie die Geschichte von Sodom (Sodomie!) und Gomorrha. In den Gesetzen des Zweiten Buch Mose findet sich nichts. Im Dritten Buch Mose – viele Theologen meinen, diese Gesetze seien erst spät, nach der Babylonischen Gefangenschaft, entstanden, um sich gegen die heidnischen Völker abzugrenzen – wird jedoch die Todesstrafe verlangt.

Nun wird allerdings dort auch die Steinigung ehebrüchiger Frauen verlangt, ohne daß die Kirche dem Beispiel heute nacheiferte. Und es finden sich auch Stellen wie diese: »Wenn zwei Männer miteinander raufen und das Weib des einen läuft herzu, um ihren Mann aus der Hand dessen zu befreien, der ihn schlägt, und sie streckt ihre Hand aus und ergreift diesen bei der Scham, so sollst du ihr die Hand abhauen, du sollst kein Erbarmen kennen.« (5. Mose, 25, 11f.)

David, der Stammvater Israels, besingt dagegen seine Liebe zu König Sauls Sohn: »Es ist mir leid um dich, mein Bruder Jonathan, du warst mir so hold! Deine Liebe war mir köstlicher als Frauenliebe!« (2. Samuel 1, 26.)

Im Neuen Testament finden sich einige randläufige Stellen. Am deutlichsten wird Paulus. In seinem Brief an die Römer (1, 26f) referierte er die Gottlosigkeit der Heiden. Dabei verurteilt er sowohl homosexuelle wie lesbische Liebe. Aber er verurteilt auch Neid, Habsucht, Bosheit, die Hochmütigen, Prahlhänse und Ohrenbläser; Eigenschaften, die wir nicht nur bei Heiden beobachten können.

Jesus, auf ihn kommt es wohl zuerst an, hat keine Weherufe über Homos und Lesben hinterlassen. Von ihm wird berichtet, daß ihm sein Lieblingsjünger Johannes an der Brust lag. Im Johannes-Evangelium heißt es beispielsweise (Kapitel 13, 23): »Einer von seinen Jüngern lag an Jesu Brust, der, den Jesus lieb hatte.«

Theologische Pfennigfuchserei hilft nicht weiter, es ist müßig, eine Bibelstelle gegen die andere ins theologische Gefecht zu schicken. Tatsache ist, Jesus hatte nichts gegen Homos, sein Lieblingsjünger lagerte an seiner Brust. Ein Oberkirchenrat, der einem anderen Oberkirchenrat an der Brust läge (für einen kleinen Pfarrer gilt natürlich gleiches), entspräche jedoch kaum jenem »Lebenswandel, wie er von der Kirche erwartet wird«.

Ein Weib, ein freies, hat sich ihm vertraut.
Ihr Will ist in dem seinen aufgegangen;
Drum dient sie ihm und muß nun an ihm hangen.

G. Jahn, *Die Trauung*

10.
Petrus und Paulus als Frauenfeinde

Anti-Feminismus in den außerbiblischen Schriften

Im antiken Judentum bestimmt der Mann, die Frau gehorcht. Jesus dagegen ist, gemessen an seiner und unserer Zeit, ein ausgesprochener Frauenrechtler. Ganz unbefangen hat er Umgang mit Frauen, die zu seiner unmittelbaren Umgebung gehören. Die Reaktion der Umwelt ist Empörung, gehören doch zu ihm Frauen mit anstößigem Ruf. Auch seine Mutter, Maria, wurde damals nicht lieblich mit Weihnachtsliedern und einem süßen Ave Maria besungen. Sie hatte sich vielmehr gegen den Ruf zu wehren, ein außereheliches Kind in die Welt gesetzt zu haben. Die Jünger und ihre Nachfolger verbringen Jahrzehnte damit, den schlechten Ruf der Mutter Jesu aufzupolieren, was ihnen übrigens nie ganz gelang.
Ein wackerer Bürger heute hätte sich jedenfalls nicht mit jenen Frauen eingelassen, die um Jesus versammelt sind. Und als ihn im Sterben die männlichen Jünger verlassen, allen voran der großmäulige Petrus, bleiben nur die Frauen und der Lieblingsjünger Johannes bei dem hingerichteten und qualvoll verendeten Gottessohn. Die Frauen sind ganz selbstverständlich in die Missionsarbeit Jesu einbezogen. Auch nach seinem Tode bleiben sie Hauptfiguren, während die Jünger bekanntlich erst einmal das Weite suchen. Die Selbstverständlichkeit, mit der heutzutage die Führungskräfte der Kirche Männer sind, kannte die Kirche in der frauenfeindlichen jüdischen Zeit noch nicht, im Gegenteil.

Der als Weiberfeind verschriene Apostel Paulus, der im Judentum aufwuchs, ist keineswegs den Frauen so abgeneigt und so frauenfeindlich, wie es heute immer dargestellt wird und wie eine theologische Arbeit mit dem Titel *Die Frau in den Paulinischen Briefen unter besonderer Berücksichtigung des Begriffs der Unterordnung* signalisiert. Nach Paulus gibt es in der christlichen Gemeinde nicht Mann oder Frau, sondern alle sind Jünger Christi. Die Grußlisten in seinen Briefen zeigen, wie selbstverständlich, wie geschätzt Frauen als Mitarbeiter sind. Im Brief an die Römer wird Priska als Mitarbeiterin genannt. Was allerdings für Frauen zu dieser Zeit als schicklich gilt, das unterstreicht der aus dem Judentum kommende Paulus. So hält er sich an die Sitte der Zeit, die da lautet, die Frau habe sich dem Manne unterzuordnen. Bekannt ist sein Ausspruch, das Weib habe in der Gemeinde zu schweigen. Doch dieser Ausspruch ist umstritten. Viele Theologen nehmen an, daß der Satz gar nicht von Paulus stammt, sondern später dem Paulustext hinzugefügt worden ist. Gemeint ist ohnedies nur, daß die Frau im Gottesdienst nicht dazwischenreden sollte.

In der frühen Christenheit ist die Frau geachtet. Viele Frauen, ja gerade Frauen, erleiden den Tod als Märtyrerinnen. Und in der Ostkirche erhält das Amt »Diakonisse« oder »Witwe« eine besondere Stellung. Die Witwe steht in der Hierarchie zwischen dem höheren und niederen Klerus. Sie wird durch Handauflegen als kirchlicher Mitarbeiter eingeführt. Porphyrius kritisiert sogar, die Kirche werde von Frauen beherrscht! Die Kirchenväter Tertullian und Augustinus bekämpfen jedoch die Frauen, die den Männern als nicht gleich zu achten seien. Das Mittelalter hat die Frauenfeindlichkeit übernommen. Im germanischen Raum galt die Frau ohnedies seit eh und je als Besitzgut des Mannes.

Während die Evangelien Jesus – durch seine Art des Umgangs und sein Eintreten für geächtete Frauen – in protestierender Haltung gegenüber der jüdischen Frauenfeindlichkeit zeigen, ändert sich dies schlagartig in den Schriften, die nicht in das Neue Testament aufgenommen wurden. Man nennt sie die Apokryphen. Dort blüht, unter dem Einfluß griechischen Denkens, die Frauenfeindlichkeit oder besser: die Anti-Geschlechtlichkeit. *Dort* wird beispielsweise Petrus, von dem man weiß, daß er verheiratet war (eine Toch-

ter soll er gezeugt haben), als regelrechter Weiberfresser dargestellt. Petrus habe jeden Ort gemieden, an dem Frauen zugegen waren.
Die Ehe gilt im sogenannten Pseudo-Titus-Brief (ein Brief, der dem Paulusschüler Titus angedichtet wurde) als Versuchung der Schlange. Johannes geht nur deshalb auf eine Hochzeit, um das Brautpaar vor der Ehe zu retten. Gleiches tut der Apostel Andreas. Über Petrus aber lesen wir: »Ein Bauer hatte ein Mädchen, das Jungfrau war. Das war auch seine einzige Tochter, und deshalb bat er Petrus, für sie ein Gebet zu verrichten. Nachdem er gebetet hatte, sagte er dem Vater, der Herr würde ihr schenken, was für ihre Seele angebracht sein sollte. Das Mädchen fiel alsbald tot um.« Kommentar des Petrus, ein Stoßgebet: »O würdiger und gottgefälliger Gewinn, der Unverschämtheit des Fleisches zu entfliehen und den Stolz ihres Blutes zu brechen!«
Ganz abstrus wird es in dem Apostelroman (aus dem 3. Jahrhundert), der sich »Johannesakte« nennt, ein Machwerk, das das Konzil von Nicäa 787 gerne verbrannt gesehen hätte. Darin tritt ein Jüngling namens Kallimachus auf. Er verliebt sich in eine schöne Dame namens Drusiana, die zwar mit ihrem Andronikus verheiratet ist, aus Gottesfurcht jedoch enthaltsam lebt. Drusiana widerstrebt natürlich den Begierden des Jünglings und bittet den himmlischen Herrn, sie zu sich zu nehmen, um nicht geschändet zu werden. So geschieht es. Drusiana scheidet aus dem Leben, wenn auch betrübt über die Verworfenheit des Jünglings Kallimachus.
Doch Kallimachus gibt nicht auf, die Schöne zu besitzen. Er besticht den Verwalter Fortunatus. Dieser öffnet gegen gutes Geld die Grabkammer der Drusiana. Beide stürmen die Kammer, und gierig zischt der Jüngling Kallimachus: »Wenn du auch als Lebende nicht mit mir verkehren wolltest, so will ich dich doch nach dem Tode als Leichnam schänden.« Hastig beginnen die beiden Ruchlosen dem Leichnam die Totengewänder auszuziehen. Kallimachus kann sich der höhnischen Bemerkung nicht enthalten, was ihr denn nun der Tod genutzt habe. Es wäre viel schöner gewesen, hätte sie sich freiwillig hingegeben.
Nachdem Drusianas tote Blöße nur noch von einem Hemdchen bedeckt ist, erscheint eine Schlange. Sie tötet den Ver-

walter mit einem Biß und umzingelt den Kallimachus, bis dieser tot umfällt. Die Schlange setzt sich auf den Jüngling und schläft auf dem entseelten Körper ein.
Tags darauf, Drusiana ist seit drei Tagen tot, spaziert Johannes mit Gefolgschaft und dem Witwer der Drusiana in die Grabstätte. Ein Jüngling, ein »Schöner«, sprich: ein Engel, öffnet die Grabkammer und steigt darauf gen Himmel. Als der Witwer Andronikus seine keusche Gattin nur noch im Hemdchen sieht, schwant ihm der Zusammenhang. Er bittet, Johannes möge den toten Kallimachus, den vermutlichen Übeltäter, vom Tode erwecken, damit er zur Sache vernommen werden könne. Johannes tut dies und nimmt den Kallimachus ins Gebet, »ob er zum Ziele gekommen sei mit dem unsauberen Vorhaben«. Kallimachus verneint unter Hinweis auf das Reptil. Kallimachus bereut und wird von Johannes geküßt.
Da der Übeltäter, nun gebessert, wieder unter den Lebenden weilt, möchte Andronikus doch auch seine Gattin wiedererweckt sehen. Es geschieht, und Drusiana wird nun zur Sache einvernommen. Sie zieht sich erst einmal wieder richtig an und bittet dann, auch den toten Verwalter ins Leben zurückzuholen. Auch dieses geschieht. Der Ruchlose bereut nicht, sondern will flüchten. Da wird er kurzentschlossen ins Totenreich zurückgeschickt.
Von Paulus werden ähnliche Taten berichtet: Er habe nämlich den Männern die Frauen und Jungfrauen abspenstig gemacht. »Thekla, meine Braut, was ist mit dir?«, wehklagt ein verlassener Liebhaber. Die dem Apostel Paulus angedichteten Paulusakten (2. Jahrhundert) behaupten, nur Unverheiratete, nur Keusche dürften auferstehen: »Auf andere Weise gibt es für euch keine Auferstehung, es sei denn, daß ihr rein bleibt und das Fleisch nicht befleckt, sondern es keusch bewahrt.« Und so trennt der Apostel Ehepaar auf Ehepaar und hinterläßt weinende Gatten.
Thekla aber hängt voller Liebe dem Wort Gottes an, gesprochen vom Munde des Paulus. Das Volk aber schreit: »Er hat unsere Frauen verdorben!« Nach einigen Abenteuern (Thekla stand schon auf dem Scheiterhaufen, Paulus lag im Gefängnis) ziehen beide gemeinsam weiter. In Antiochien umarmt ein Syrer namens Alexander Thekla auf offener Straße. Sie macht ihn zum Gespött der Leute. Aus Rache

wird sie zum Tierkampf verurteilt. Doch die wilde Löwin schleckt ihr die Füße. Alle wilden Tiere schlafen zu ihren Füßen ein. Schließlich bindet man sie zwischen wilde Stiere und legt unter deren Geschlechtsteile glühende Eisen, um sie noch mehr zu reizen. Umsonst! Thekla wird vom Statthalter vor Rührung freigelassen. »Thekla aber sehnte sich nach Paulus und suchte ihn, indem sie überall herumschickte.«

In den Paulusakten gehen die Keuschheitsphantastereien so weit, daß Paulus zuletzt einen Löwen dreimal ins Wasser taucht und ihn tauft: »Nachdem ich mit diesen Worten gebetet hatte, nahm ich den Löwen bei seiner Mähne und im Namen Jesu Christi tauchte ich ihn dreimal unter. Als er dem Wasser entstieg, schüttelte er seine Mähne zurecht und sagte zu mir: ›Gnade sei mit dir!‹ Und ich sagte ihm: ›Desgleichen mit dir!‹ Der Löwe lief nun zum Feld davon, voller Jubel ... Eine Löwin begegnete ihm, und er wandte sein Gesicht nicht zu ihr hin, sondern er lief davon.«

Neben der Verteufelung des Geschlechtlichen gibt es auch umgekehrte Auffassungen in der apokryphen Literatur. Im angeblichen Evangelium nach Maria Magdalena wird gerade die große Sünderin als Nachfolgerin Jesu dargestellt. Sie tröstete die verzagten Männer: »Weinet nicht, seid nicht traurig und auch nicht unentschlossen ... Laßt uns vielmehr seine Größe preisen, denn er hat uns bereitet und zu Menschen gemacht.«

Andreas und Petrus ärgern sich maßlos. Sie tuscheln miteinander: »Sprach er denn mit einem Weibe heimlich vor uns und nicht offen? Sollen wir umkehren und alle auf sie hören? Hat er sie uns gegenüber bevorzugt?« In seiner aufbrausenden Art verlangt Petrus, Maria solle die Jüngerschar verlassen, denn die Frauen seien nicht wert des Lebens. (Dieser Satz stammt aus dem sogenannten Thomas-Evangelium.) Lewi verteidigt Maria Magdalena: »Petrus, du bist von jeher aufbrausend. Nun sehe ich, wie du dich gegen die Frau ereiferst wie die Widersacher. Wenn der Erlöser sie aber würdig gemacht hat, wer bist denn du, daß du sie verwirfst? Sicherlich kennt der Erlöser sie genau. Deshalb hat er sie mehr als uns geliebt.«

Man sieht, um an den Anfang zurückzukehren, die Art Jesu, mit Frauen umzugehen, hat bereits die Jünger verwirrt. Die

Anti-Geschlechtsbewegung ist nicht ursprünglich jesuanisch, das heißt Jesu Botschaft zugehörig. Erst die von der frühen Kirche eindeutig verworfenen Schriften, die Keuschheitslegenden, haben die Verteufelung des Geschlechtlichen (und die Verteufelung der Frau als Verführerin) kolportiert. Erst in den von der Kirche verworfenen Schriften wird die Frauenfeindlichkeit hochgespielt. Zölibatäre Kirchenväter haben die Frauenfeindlichkeit übernommen, beispielsweise Augustinus, der sein Leben lang einen Mutterkomplex mit sich herumschleppte. Wie absurd die Frauenfeinde argumentierten, wird an den apokryphen Stellen deutlich. Sie wurden so deutlich zitiert, um zu zeigen, wes Geistes Kind die Anti-Frauenbewegung in der Kirche ist und welche Werke wir ihr verdanken.

Nun laß dir erzählen, mein liebes Kind,
Wozu die guten Englein sind!
Wo ein Armer betet in seiner Not,
Da bringen sie in das Haus ihm Brot;
Wo beim kranken Kinde die Mutter wacht,
Da nehmen des Kindleins sie in acht;
Und wo in Gefahren ein Guter schwebt,
Wo jemand weinet, jemand bebt,
Dahin geschwind
Eilen die Englein, mein liebes Kind.

Rudolf Löwenstein, *Von den Engeln*

11.
Luthers Frau hatte die Hosen an

Geschichte von Pfarrfrauen

Will man die Erwartungen der Umwelt an eine Pfarrfrau begreifen, muß man sich – wohl oder übel – mit den Vorbildern auseinandersetzen: Die Ahnfrau aller Pfarrfrauen ist Luthers Käthe, Katharina von Bora. Sie ist eine imponierende Frau. Ihre Eigenwilligkeit hat den Biographen Mühe bereitet, sie zum Hausweibchen herabzustilisieren. »Wenn er auch ihr lieber Herr Doktor war und ihr lieber Herr«, versucht sich Ernst Kroker in einer Biographie von Katharina von Bora, »so vergaß sie doch nie, daß er ihr Herr war.« Die Ehe war so emanzipiert, daß Katharina zum Herrn Doktor »Du« sagen durfte, aber in Gegenwart Dritter, loben die Biographen, redete sie ihn züchtig mit »Ihr« an (»sie ihrzte ihn«!).
Es soll ihr schwergefallen sein, wird Katharina getadelt, stillschweigend beim Herren dabeizusitzen und lediglich das Spinnrad zu drehen. Wegen ihrer Beredsamkeit trifft sie der Tadel des großen Mannes: »Liebe Käthe, hast du denn auch vor der Predigt ein Vaterunser gebetet?« Einem Engländer rät Luther, doch zu seiner Käthe zu gehen, die könne besser

reden als er. Nach Luthers Meinung sind alle Weiber beredt. Eine Frau, die von ihrem Haushalt erzähle, übertreffe einen Cicero an Beredsamkeit. Wenn nur nicht stets der lange Rede kurzer Sinn sei: »Gib Geld!« Wenn die Weiber von etwas anderem als ihrem Haushalt redeten, sei es wenig wert. – So spricht der »Mann«, ignorant, potent und dumm.

Den Vorwurf der Zungenfertigkeit handelt sich Katharina ein, weil sie ihre Meinung offen sagte, wo doch Luther verpflichtet war, sich mit seiner Meinung an den Hof zu halten. Ihr Kampf mit dem Kanzler Brück geht so weit, daß man ihr nach dem Tode Luthers die Vormundschaft für die Kinder entziehen will. Katharina hängt nicht gläubig an Luthers Lippen, wie sich das für ein Pfarrweibchen gehört, sondern muckt auch auf. Einmal vermahnt sie der Hausherr, fleißig die *Heilige Schrift* zu lesen. Katharina, die die Hosen anhatte (»Lieber Herr Käth!«, »Lieber Herr Käthe!« lautet die Anrede Luthers in einigen Briefen!), antwortet, sie höre davon ja wohl genug, es reiche jetzt erst einmal. Oft hat Luther davon gesprochen, daß eine Ehe kein Honigschlekken sei. »Adam und Eva werden sich auch gar weidlich die neunhundert Jahre zerscholten haben.« Zumindest einmal ist ihm Katharina für mehrere Wochen ausgebüchst. Sie hatte sich mehrere Sommerwochen auf ihrem Landgut zum Arbeiten zurückgezogen, so daß Luther ihr einen ganz sanften Brief schreibt, sie möge doch zurückkehren.

Katharina von Bora ist eine verarmte Adlige, die in zartem Alter noch in das Fräuleinkloster Nimtschen gesteckt werden konnte. Die Klöster lösten sich in der Reformationszeit auf. In Nimtschen befanden sich zuletzt noch neun Nonnen, die befreit werden wollten. In der Nacht von Karfreitag auf Ostersamstag 1523 lassen sich die Nonnen entführen. Ein Torgauer Bürger mit Namen Leonhard Koppe bringt sie, in Heringstonnen versteckt, über das Gebiet des katholischen Herzogs Georg, ehe sie Osterdienstag endlich in Wittenberg anlangten. Luther unternimmt es, die Nonnen zu verkuppeln. Katharina kommt nicht unter die Haube, sondern zur Hausfrauenlehre zum Bürgermeister Philipp Reichenbach. Da steht sie wie eine demütige Magd am Herd, so schildern es jedenfalls die männlichen Chronisten, ein Kopftuch umgebunden, die Augen niedergeschlagen, und bereitet dem

Magister die Morgensuppe. Sie lernt, wie man sich verhält, wenn Gäste kommen. »Was man reden muß, wenn gelehrte Männer einen ins Gespräch ziehen.« Die Küche von Reichenbachs ist ihre »Hochschule der Frau«.
Besonders gelobt wird Käthes Braten. Sie wird ausersehen, dem Hofstaat eines leibhaftigen, freilich auch gewalttätigen Königs eingereiht zu werden, dem von Christian II., einem Schwager von Karl V., der auf seiner Flucht in Wittenberg eingekehrt war. Er hatte den schwedischen Adel bei einem Blutbad in Stockholm fast ausgerottet. Käthe erfüllt ihre Pflicht so treu, daß sie mit einem goldenen Ring, den der Tyrann sicherlich irgendwo gestohlen hatte, belohnt wird.
1523 verliebt sich Käthe in Hieronymus Baumgärtner, einen Mann aus edelstem Nürnberger Geschlecht. Die »reife Jungfrau« fängt Feuer für den Jüngling. Als der Edle aus Wittenberg wieder abreist, wird eigentlich eine Verlobung oder Heirat von ihm erwartet, doch er nimmt später in Nürnberg eine jüngere und reichere Frau. Nach und nach hat Luther alle seine Nonnen untergebracht, spaßeshalber nennt er sich deswegen »einen berüchtigten Liebhaber«. Luther schreibt dem Baumgärtner einen Brief, er möge die Katharina nun endlich freien, doch der will von Wittenberger Seelenschwärmereien nichts mehr wissen.
Wie es sich so trifft, sucht da auch ein Prediger namens Glatz eine Frau. Katharina wird ihm angedient. Sie soll endlich unter die Haube. Nikolaus von Amtsdorf wird von Luther beauftragt, die störrische Jungfrau zur Einwilligung zu bewegen. Doch diese will nicht. Amtsdorf wird wütend: »Wen wollt Ihr denn überhaupt noch als Gatten annehmen, wenn Euch nicht einmal ein Doktor der Theologie gut genug ist?« Käthe ganz trocken: »Wenn Ihr oder der Doktor Luther mich zur Ehefrau begehret, würde ich mit Freuden folgen.«
Luther dachte eigentlich nicht ans Heiraten und hätte sich unter anderen Umständen auch eine andere Nonne, die Eva Schönfeld, erwählt. Indes, alle drangen in ihn, sein Vater und der Kurfürst von Sachsen, so daß er sich recht unvermittelt und schon 45jährig von der Käthe heiraten ließ. Daß es keine Liebesheirat war, hat Luther oft genug betont; daß er froh war, gefreit zu haben, hat er oft genug beteuert.
Über die Motive ist ausreichend spekuliert worden. Für den

Biographen Karl Hesselbacher (*Luthers Käthe*, 1934) ist die Sache recht einfach gewesen: Der Reformator hatte das Junggesellendasein einfach satt. Luther saß, erzählt Hesselbacher, in seinem großen, menschenleeren Kloster in einer kargen Zelle. Ein Diener versorgte ihn kärglich. Vor lauter Arbeit aß der berühmte Mann nichts mehr. Tat er es doch, war das Mahl schon längst kalt. Um Mitternacht streckte sich Luther auf einen Strohsack nieder, der nicht einmal aufgeschüttet wurde. »Darum brauchte er ein Weib, das mit starken und guten Händen zugriff und aus der Höhle, in der er hauste, eine Hausung bereitete, in der er Rast fand für den abgemotteten Leib und den stürmenden Geist, der Tag und Nacht mit Rotten und Teufeln im Felde lag.«

Da haben wir's. Es war eine Versorgungsehe, zum Strohaufschütten. Die Kargheit des Essens hat sich bald gelegt. Luther hat das Saufen und Fressen auch theologisch begründet: »Darf unser Herrgott große Hechte und Rheinwein schaffen, so darf ich auch essen und trinken: Es ist dem lieben Gott recht, wenn du einmal aus Herzensgrund dich freust und lachst!« Am liebsten aß der Reformator Schweinefleisch, was man seinem Corpus in späteren Jahren durchaus ansehen kann. Anfangs arbeitete Luther noch im Haushalt und im Garten mit, doch das hat er später dann sein lassen. Zu Käthe sagte er: »Im Haus gestehe ich dir die Herrschaft zu, unbeschadet meines Rechts.« Es ist ihm gar nichts anderes übriggeblieben.

Der erste verheiratete evangelische Pfarrer soll Bartholomäus Bernhardi gewesen sein, insofern bereits typisch für die Pfarrfamilie, als seine Frau als »fruchtbarer Weinstock« gepriesen wird. Sieben Triebe trieb der Weinstock Frau. Dennoch gilt Luther als der Begründer des evangelischen Pfarrhauses und der darin lebenden Pfarrfamilie. Er ist sozusagen der Chefideologe des Pfarrheims.

Von den vier großen Reformatoren führte Zwingli eine heimliche Ehe. Er lebte mit der Witwe Anna Reinhart in einem Verhältnis, das im Jahre 1524 durch die kirchliche Trauung zur offiziellen Ehe wurde. Die Chronik umschreibt den Sachverhalt vornehm mit dem Hinweis, sie sei schon lange eine seiner eifrigsten Zuhörerinnen gewesen.

An Anna Zwingli werden die Frömmigkeit, Sittsamkeit, Treue, Sanftmut und Herzlichkeit gerühmt; sie sei eine Gazelle gewesen, heißt es: Die arme Frau war schon mit 30 Jahren Witwe geworden und heiratete den 40jährigen Zwingli, der erkannt hatte, daß es seine (protestantische) Pflicht sei, mit der Ehe ein Zeichen zu setzen. Fünf Jahre lang erheiterte Anna Zwinglis Geist in trüben Stunden, länger dauerte die Ehe nicht. 1531 kam es zum Religionsgefecht bei Cappel. Zwingli fiel. Anna Zwingli verlor in diesem Kampf fast alle Männer der Familie (Mann, Sohn, Bruder, Schwiegersohn).

Bei Melanchthon griff Luther selber ein. Die Verheiratung mit der Bürgermeisterstochter Katharina Krapp geschah weniger aus einem unwiderstehlichem Zuge des Herzens, sondern war ein Nachgeben auf das Drängen der Freunde. Luther gedachte, durch die Verheiratung Melanchthons übertriebenen Gelehrtenfleiß zu zügeln, der seiner Gesundheit schadete. Der arme Hochzeiter klagte vorher entsprechend bitter: »Ich bringe mich um meine Studien, mein einziges Vergnügen, indem ich dem Rat und dem Willen meiner Freunde folge und heirate.« Die Gattin muß ihn gemästet haben, denn er wehklagte über »unsere Frauen, die glauben, wir seien nicht satt oder sterben Hungers, wenn wir nicht vollgestopft sind wie die Würste«. Die Kinder haben den Eheleuten nicht viel Freude bereitet, getreu dem Spruch: Pfarrers Sohn oder Müllers Vieh geraten selten oder nie.

Auch Calvin ist dem Ehestande nicht entkommen: er heiratete eine Witwe, Mutter mehrerer Kinder. Der einzige Sohn starb früh, die Gegner höhnten, dies sei Gottes Gericht über Calvins Lehre. Nach neun Jahren starb die Frau, und Calvin rühmte die Verblichene: »Während ihres Lebens war sie eine treue Gehülfin in meinen Amtsgeschäften. Nie hat sie auch nur im kleinsten etwas anderes gewollt als ich.« Pfarrfrauen sind von Anbeginn an Sklavinnen ihrer Gebieter.

Geradezu eine Reformatorenbraut ist Wibrandis Rosenblatt gewesen. Sie hat ihr Leben dem Glücke reformatorischer Männer und damit der evangelischen Kirche geweiht, heißt es in dem Band *Die deutsche Pfarrfrau.* Der erste Mann starb recht bald. Als zweiter begehrte sie der Reformator Oekolampadius als Muttterersatz. Seine Mutter hatte ihm bis zum 44. Lebensjahr den Haushalt versorgt und war gestorben. Nun hatte der Gelehrte niemanden mehr, der den

Besen schwang, das Stroh aufschüttete und für ihn kochte. Einem Freunde schrieb er über die Heirat, der Herr habe ihm anstelle der Mutter nun eine recht christliche Schwester zur Gattin gegeben. »Ich wünschte zwar, sie wäre etwas älter, doch habe bis dahin noch keine Spur von jugendlicher Ausgelassenheit an ihr wahrgenommen.« Ein Freudenbringer scheint dieser Prediger der Frohbotschaft nicht gewesen zu sein, zu lachen gab es wohl nichts. Von ihm stammt das treffliche Zeugnis: »Sie kennt Christum einigermaßen, ist nicht zänkisch und schwatzhaft oder aushäusig.« Drei Kinder »gebar sie ihm«, dreimal bekamen sie bedeutungsschwangere Namen: Eusebius (Fürchte Gott!), Irene (Verträglichkeit) und Aletheia (Wahrheit). Nach fünf Jahren Ehe starb Oekolampadius im Jahre 1531. An seine Stelle trat sein bester Freund, der Straßburger Reformator Capito. Zehn Jahre später ist Wibrandis erneut Witwe, wenn auch nicht lange. Denn nun tritt ihres dritten Mannes Freund und Amtsgehilfe Bucer an die verwaiste Gattenstelle. Zehn Jahre später ist auch dieser tot. Sie lebte aber noch dreizehn Jahre und ließ ihre sterbliche Hülle neben die Gebeine ihres zweiten Gatten legen.

Die Brautwerbung geschah recht unromantisch und gestaltete sich oft schwierig. Die Pfarrerstochter Elisabeth Dinggrav verlobte sich 1654 mit dem Pfarrerssohn Christian Otfar, beide Pfarrerskinder der Stadt Wismar. Nach der Verlobung kam es jedoch zu Streitigkeiten wegen des Heiratsgutes. Der Bräutigam stellte Forderungen, die die Brauteltern nicht erfüllen wollten. Die Sache kam vors Gericht. Die Braut sollte gezwungen werden, ihr Eheversprechen einzulösen. Fünf Jahre lang focht man vor Gericht, bis das Verlöbnis gelöst war und beide mit einer Strafe bedacht wurden. 16 Jahre nach der Verlobung kam dann doch noch ein Ehevertrag zustande. Elisabeth wurde die vierte Ehegenossin eines 68jährigen Superintendenten.

Johann Jakob Fabricius dagegen dachte zunächst gar nicht daran, sich zu verehelichen. 13 Jahre lang blieb der westfälische Prediger unbeweibt, doch die Gemeinde verdächtigte ihn nachhaltig, er sei nicht echt lutherisch, sondern ein Katholik im Predigergewand der Evangelischen. So mußte er heiraten. Er befragte deshalb einen anderen Prediger, ob nicht in seiner Gemeinde eine Jungfrau zu ehelichen sei, von

wenig Worten, stillem Wandel, abgeneigt Vergnügungen und hochmütiger Ziererei. Es ward ihm darauf die Tochter einer verarmten Witwe angetraut.
Nicht mehr im 17., sondern bereits im 18. Jahrhundert macht sich der Graf Zinzendorf, ein pietistisch Erweckter, auf Brautsuche. Doch bevor es soweit ist, müssen ihm Großmutter und Freunde erst gut zureden, daß ein Ehestand ohne Versündigung gegen Gott zu führen möglich sei.
Die gewalttätigste Art der Brautwerbung wird von dem pietistischen Schwaben Johann Friedrich Flattich berichtet. Würde sich die Braut, so fragte sich der Brautwerber, in sein auffahrendes Temperament schicken? Darüber gedachte er, sich Sicherheit zu verschaffen. Er verabreichte der Jungfer Braut eine Ohrfeige, die sie schweigend hinnahm. »Damit«, heißt es in *Deutsche Pfarrerstöchter*, herausgegeben von den Pfarrervereinen, »war die Probe bestanden, und es hat eine sehr friedliche, ungetrübte Ehe gegeben.« Dies scheint jedoch Wunschdenken der Pfarrherren gewesen zu sein. In einem Brief legt Flattich, Garnisonspfarrer auf dem Hohenasperg, nämlich dar, daß es häufig ehelichen Streit gegeben habe. Als Ursache gibt er an, »daß wir beide ... zu viel Umgang miteinander haben«. Deshalb nimmt Flattich Stabsoffiziere als Kostgänger auf und schreibt dann sehr ehrlich, daß die Streitereien zwar nicht behoben, daß aber mehr Einigkeit in die Ehe gekommen sei. Der ohrfeigende Brautwerber ist im übrigen als Pädagoge verehrt worden, zeugte 14 Kinder und verlor seine Frau recht früh.
Philipp Jakob Spener, einer der Väter des Pietismus und selbst Vater von elf Kindern, fühlte sich einer jungen Frau nicht gewachsen. Er wollte eine Witwe heiraten, die vorher einen recht störrischen Mann gehabt und überlebt habe. Von ihm wird über innigen Gebetsverkehr berichtet, doch mit den Seinen kam er nicht zurecht. Er scharte Weib und Kinder wohl zum Morgen- und Tischgebet um sich, fühlte sich aber als Gatte nicht wohl in seiner Haut. Er war eigentlich nur in den Ehestand getreten, weil Freunde und die Mutter ihn bekniet hatten.
Friederike Hahn wiederum wurde sozusagen aus dem Katalog gewählt. Ihr späterer Gatte war in Österreich Witwer geworden. Eines Abends blätterte er wehmütig im Stammbuch der seligen Gattin, worin sich die Silhouetten alter

Freundinnen befinden. Da tritt ein Bauer in die Stube. »Was sucht der Herr Pfarrer in diesem Buch?« fragt das Bäuerlein einfältig, wie die Chronik erzählt. »Eine Gattin«, erwidert der Pfarrer ohne Umschweife. Der Pfarrer fragt den Bauern, welche der Katalogdamen er an seiner Stelle wählen würde. Wie es das Geschick will: Beide haben den gleichen Geschmack. Die Silhouette der Auserwählten wird aus dem Stammbuch geschnitten, in einen Brief verschlossen, und dann geht das Schattenbild nach Stuttgart ab, verbunden mit der Frage, ob das Original dazu noch lebe, wahrhaft christlich gesinnt sei und wieviel Lenze sie zähle. Später sind beide aus Österreich auf den Hohentwiel umgesiedelt. Alle Wege um die Burg habe er mit seinen Tränen benetzt, heißt es, und als er sich einigermaßen gefangen hatte, verfiel sie in eine schwere Gemütskrankheit.

O Kindeseinfalt, schönstes Gut,
In dir die höchste Weisheit ruht!
Wer dich besitzt, trägt unbewußt
Den Himmel schon in seiner Brust.

Henny Haentzsche-Valett, *Der Kindesengel*

12.
»Gott helfe mir, wohl zu gebären«

Eigenschaften einer guten Pfarrfrau

Freunde haben nun erfahren, daß ich mein Pfarrfrauendasein aufarbeite und mich reichlich mit nicht mehr zugänglicher Literatur versorgt. So liegt neben mir ein Standardwerk *Spiegel edler Pfarrfrauen.* Ich besitze die dritte Auflage, die 1865 erschienen ist und ihrerseits alte Berichte, zum Teil aus dem 18. Jahrhundert, wiedergibt. Das Werk schildert die Edelsten ihres Standes. Doch die Geschichte der Pfarrfrauen ist eine Geschichte der Unterdrückung der Frau. Von ihr wird geradezu hündischer Gehorsam verlangt. John Knox, der Reformator Schottlands, zeitweise der persönliche Prediger von Lord Ochiltree, nimmt eines Abends die Weisung von Lady Ochiltree entgegen: »Herr Knox! mich däucht, Euch fehlt ein Weib.« Der Prediger ist jedoch unsicher, ob ihn überhaupt ein Weib als Gatten begehre. Die Lady verspricht, sich für ihn umzutun. Sie fragt ihre älteste Tochter, doch die winkt dankend ab. Sie fragt die nächste Tochter, doch auch die meint, das Schicksal habe wohl noch eine bessere Partie in petto. Nur die jüngste, eine Jungfrau von 19 Jahren, gibt ihr Ja-Wort. Knox daraufhin zu dem Mädchen: »Wenn ich dich heiße den Ranzen nehmen, so mußt du's tun, und mußt gehen, wohin ich gehe, und zur Nacht bleiben, wo ich bleibe!« Sie: »Herr, dies alles will ich tun.«
Von Margarethe Baxter heißt es, daß Manneszucht ihre

Depressionen heilte. Christoph Love, ein presbyterianischer Prediger, spielt sich noch in der Kerkerzelle, wo er auf seine Hinrichtung wartet, als Zuchtmeister auf, findet aber auch gute Worte: »Ich weiß wohl, daß du nicht zu der Zahl jener schwammartigen Zuhörer gehörst, welche eben sowohl stinkendes und faules, als gesundes und frisches Wasser in sich aufsaugen.« Als 1703 Anna Elisabeth Porst, 22jährig, an Schwindsucht stirbt, bringt ihr Gatte und Prediger das älteste Kind ans Bett und beginnt die Inquisition am Sterbelager: ob sie auch wahrhaft im Glauben sterbe. Blutspukkend, hustend, muß sie beteuern, den Heiland wahrhaft süß zu lieben, um dann den Inquisitor zu segnen.
Tadelnd heißt es von Katharina Schütz, die sich 1523 mit dem ersten evangelischen Prediger Straßburgs, Matthäus Zell, ehelich verband: sie habe nicht nur den Kochlöffel, sondern auch die Feder führen können. Vor allem trat sie für Verfolgte und Verleumdete ein und beherbergte bis zu 50, 60 verfolgte Glaubensgenossen. »Mag sie hie und da die Schranken des weiblichen Berufes überschritten und sich gelegentlich in Männersachen gemischt haben«, lautet der Kommentar zu ihrem Tun, so müsse man ihr zugute halten, daß dahinter doch die lautere Liebe zum Evangelium stehe.
Stets müssen die Frauen ihre Männer trösten, willig und bereit sein, rein und duldsam, nie unfreundlich. Typisch ist der Satz »Sie erfreute ihren Mann mit 7 (10, 12, 14 usw.) Kindern.« Pfarrfrauen sind begierig, des Pfarrherren Gesundheit zu erhalten, auch wenn sie dabei draufgehen. Eine Ausnahme ist Wilhelmine Steinhofer. Als der Ebersdorfer Hofprediger Steinhofer kränkelte, werden mehrere Heiratskandidatinnen als Gattin und Krankenpflegerin vorgeschlagen. Er aber beschied, das Los solle entscheiden, wer ihn pflegen dürfe. Wilhelmine war die Glückliche, auf die das Los fiel. Sie durfte 1747 den Kränklichen ehelichen, lebte 14 Jahre in einer kinderlosen und mit Prüfungen gesegneten Ehe, ehe er 1761 starb. Wilhelmine überlebte den Verblichenen um 30 Jahre.
Heiter und freundlich unterwerfen sich die Pfarrfrauen ihrem Herren. So duldete die rechtschaffene Elisabeth Rowe, seit 1710 dem Londoner Prediger Thomas Rowe verbunden, wie sich während der langen Krankheit des Gatten hitziges

Temperament noch mehr erhitzte. Sie hatte allerdings die Armen als verbliebenen Genuß: »Ich hätte nicht halb so viele Vergnügen in meinem Leben«, schrieb sie einer Freundin, »wenn es keine Armen gäbe.«
Heiter und freundlich unterwerfen sie sich ihrem Herren, womit stets der Pfarrherr und nicht der Herr Jesus gemeint ist. Es sind anständige zahme Haustierchen, die jede Laune, Ungerechtigkeit, jeden Mißmut, Zorn mit Freuden aushalten. Daß sie ihrem Gatten ergeben waren, gehört zum Standardlebenslauf. Verdächtig gerne flehen sie allerdings zu Gott, bald sterben zu dürfen. Das Pfarrfrauencredo stammt von Brigitte Bull, die sich in den Trauring einritzen ließ: »Gott helfe mir, wohl zu gebären, wohl zu gehorchen und wohl Haus zu halten.« Kinder werden grundsätzlich dem lieben Herren geboren, nie heißt es, daß *die Frau* ein Kind auf die Welt bringt, daß *sie* gebiert, immer werden die Knäblein dem Gatten dargebracht wie ein Dankopfer dem Gott Israels.
Die Männer werden sanftmütig behandelt, so wie Untertanen gegenüber Tyrannen auch sonst freundlich sind. Pfarrfrauen sind die treuesten Pfarrkinder und Kirchgänger des Pfarrers. Sehr deutlich beschreibt die hündische Unterwerfung der Frau der Theologieprofessor Rambach in einem Nachruf (Heirat 1724):
»In deinen öfteren ... Krankheiten war dieses der herbste Schmerz, daß du der öffentlichen Gelegenheit, deine Seele zu weiden, oft viele Wochen ermangeln mußtest. Indessen sogest du zu Hause als eine fleißige Biene den süßesten Honig aus den Blumen der göttlichen Verheißung; fragtest *mich* nach Pauli Ermahnung ..., wo du was nicht verstandest, und danktest *mir* auf's Liebreichste, wenn ich einen öffentlich gehaltenen Vortrag, dabei ich allezeit von deiner Fürbitte unterstützt wurde, vor deinem Krankenbett wiederholte ... Dein ganzes Betragen war ein Muster derjenigen Tugenden, die Gottes Wort von einer treuen Ehegattin fordert. Dein Wille war nicht mit Zwang, sondern mit Freuden unterworfen. Widerspruch und Herrschsucht waren dir unbekannte Dinge. Niemals bin ich durch dich betrübt, aber unzählige Male erfreut worden. *Mein* Leben zu erleichtern, *meine* Arbeit zu versüßen, *meine* Gesundheit durch die ihr nötige Pflege zu erhalten, *mein* Amt durch einen unan-

stößigen und erbaulichen Wandel zu zieren, *meine* Kinder wohl zu erziehen und ihnen die Liebe zu Jesu einzuflößen, hast du jederzeit für dein vornehmstes Geschäft gehalten.«
Ein anderer Theologieprofessor aus Halle, Johann Salomo Semler (Heirat 1751), wirft der verstorbenen Gattin folgenden Nachruf ins Grab nach: Er habe das Glück genossen, sich um nichts kümmern zu müssen. Einen Tag wie den anderen konnte er sich ganz seinem Beruf widmen. Zuweilen »ließ ich mir ... ihre Haushaltungsbücher von ihr zeigen, und war jedesmal gewiß, allemal Ursache zum Vergnügen und zur Zufriedenheit zu finden... Zärtliche Sorge für *meine* Gesundheit und für *mein* Vergnügen konnte nicht größer sein...« Sie hat die Fürsorge für seine Gesundheit gesundheitlich nicht überstanden. Im Pfarrhaus überlebte der gepflegte Pfarrherr seine Pflegerin allemal, wenn sie nicht ohnedies früh an den Geburten starb.
Anna Lavater war ebenfalls eine große Dulderin, die mit Sanftmut die Hitze des Ehegesponses zu dämpfen wußte. Ihre erste schwere Sünde beging sie wohl mit zehn Jahren. Sie ließ sich verleiten zu naschen! Eine kleine Nachbarstochter, mit der zu spielen ihr ausdrücklich verboten war, verführte sie, ein Würstchen zu essen. Diese Sünde, obgleich sie eigentlich abgebetet war, hat sie später (sie ist auch beim verbotenen Kartenspiel mit dem Bruder erwischt worden!) verfolgt und ihr Gemüt schrecklich verdüstert. Nach nur einem Monat Brautzeit wurde sie von Johann Caspar Lavater geehelicht, um dessen Gesundheit es nicht zum besten stand. Nun dämpfte ihn die Krankheit nicht, sondern sie brachte sein Temperament erst recht zur Wallung. Als die Magd ein Tintenfaß umwirft, ruft dies zwar keinen Schaden, doch einen Zornesausbruch ohnegleichen hervor. Mit furchtsamer Sanftmut, so Lavater im Tagebuch, schleicht Anna heran: »Ach mein Lieber«, sanftet sie. Doch er sieht sie mit Unmut an. Da umarmt sie ihn und spricht: »Du schadest deiner teuren Gesundheit«, worauf Tränenbäche der Rührung aus den zornestrunkenen Augen Lavaters schießen. »Wie bin ich ein Sklave meines Temperaments«, klagt sich der Besänftigte nun an. Doch Anna weiß Rat: »Aber es vergehen doch Tage und Wochen, daß du dich niemals vom Zorn hinreißen lässest? Komm mit mir, wir wollen miteinander beten!«

Anna Lavater diente als Blitzableiter männlichen Verdrusses: Er darf sich austoben – sie darf kuschen oder, wie der Chronist schreibt, sie »verbarg sich gleichsam hinter ihm«, sie fand »die stille Unterwerfung unter den männlichen Entschluß«. Hilmar Ernst Rauschenbachs Gattin dagegen bewacht die Studierstube ihres Mannes wie ein Schäferhund: »Sie war«, wird sie gelobt, »besonders in höheren Jahren eine Schutzmauer um seine Studierstube und wußte doch durch ihre ganze Hausordnung und Lebensweise über diese eine heilige Stille zu verbreiten.« Ganz arglos schreibt ein anderer Glaubenskollege: »Je mehr ich sie kennenlernte, desto mehr freute ich mich, sie zu *besitzen.*« Die Frau als Eigentum. Es ist Rosine Stähelin, die sich 1776 mit ihrem Gatten Peter verband. Als sie später sterben muß, tröstet sie ihn noch in den letzten Stunden: »Gehe doch schlafen; du mußt ja morgen predigen.« Am Morgen eilt denn der Gute zur Predigt, eine Sterbende wissentlich zurücklassend. Doch die treue Seele tröstet ihn auch da noch: »Ja wenn du mich nicht mehr am Leben antriffst, so finden wir einander im Himmel wieder!« Predigen geht vor Sterben. Doch Rosine wartet noch auf ihn, als er zurückkommt (die Predigt hat er gehalten, das Schlußgebet übergab er einem Kirchenältesten). Sie bittet ihn noch, bei einer künftigen Verbindung die Nachfolgerin behutsam auszuwählen. Stähelin beschreibt die letzten Worte: »›Du würdest mich dauern‹, sagte sie mit innigster Zärtlichkeit, ›wenn du solltest ein unruhiges Alter bekommen.‹«

Christiane Schick, die 1861 zu Donnstetten auf der Uracher Alb ihre Seele entbindet, ergeht es schlechter: Während sich ihr Gatte gürtet, eine Taufe vorzunehmen, haucht sie der alten getreuen Magd ins Ohr: »Laß mich auf deinem Arm liegen!« Sie neigt sich, der Atem stockt, da endet sie in den Armen der Magd, weil der Gatte wegen der bevorstehenden Taufe die Hände nicht frei hatte.

Bertha Josephson-Mercator, selbst eine Pfarrfrau, hat das Buch *Die deutsche Pfarrfrau* verfaßt. Das Werk trägt keinen Hinweis auf das Erscheinungsjahr, doch eine Widmung – zur Verlobung – aus dem Jahre 1911. Für die schreibende Pfarrfrau ist es Pfarrfrauenpflicht, den Gatten morgens anzustrahlen: »O laß mich Sonnenschein ihm sein / Und immer, immer Segen«, dichtet sie in lyrischer Anwandlung.

Die Pfarrfrau ist ein Ruhehafen, eine stille Insel, auf der sich ihr Mann, der tagtäglich in Sturm und Wellen kämpfen muß, ausruhen möchte und sollte.
»Laß ein den stillen Freund / Und fasse seine Hand! / Sein Gruß ist: Segne Gott / Dir deinen Pfarrerstand!« Der Freund ist das Pfarrfrauenopus, ein leinengebundener Hausfreund. Frau kommt von Freude, lehrt uns das Büchlein. Die rechte deutsche Pfarrfrau ordnet dem Manne die Kleidung und geht selber lieber zu altmodisch als zu schick, obgleich sie folgendes beachten sollte: »Wenn die Rose selbst sich schmückt, / Schmückt sie auch den Garten.« Des weiteren staubt sie auch den Altar ab, entfernt den Grünspan vom Leuchter und schaut zum Manne auf. Sie denkt auch an die Wärmeflasche, wenn der Angebetete zur Friedhofsfahrt aufbricht. Sie hat drei Aufgaben: Sie ist eine rechte Frau, eine treue Mutter und eine tüchtige Hausfrau. Und sie lernt, sich selbst »als das allerletzte Gemeindemitglied ihres Mannes an(zu)sehen. ›Bei mir‹, so denkt sie, ›bei mir soll der liebe Mann, der alle sieben Tage der Woche geben muß und immer wieder geben, nicht auch noch angebettelt werden.‹« Es gilt, dem streitbaren Gatten sanft »zur Seite zu stehen und in die Wunden, die er sich auf dem Kampfplatz da draußen geholt, daheim den Balsam der Liebe zu träufeln«.
Eine deutsche Pfarrfrau ist zuallererst eine gute *Hausfrau*, denn der Glaube mag eine noch so schöne Tugend sein, doch damit kann man nicht kochen, flicken, hausarbeiten, Gemüse anbauen, Kinder aufziehen. Der fromme Pastor Aßmann, einer der innigsten Pietisten (mit ihrem nüchternen Sinn für Schinken), ein Mann, dessen Innenleben himmelhoch über seinem Außenleben gestanden haben soll, bedenkt bei der Wahl der Glaubensgenossin ganz nüchtern: »Die Gottesfurcht einer Predigerfrau ist sehr teuer und wert zu schätzen: allein es kann eine solche Person gottesfürchtig und von Herzen gläubig sein und doch nicht die notwendige Tugend der Häuslichkeit besitzen.«
Nur bei dem Neuendettelsauer Diakonissenpfarrer Löhe taucht leise Kritik auf. Als Löhe in das armselige Dörflein Dettelsau eingezogen war, bekam er eine Frankfurter Kaufmannstochter in den Konfirmandenunterricht, für die es gut war, »daß sie in der Schulbildung nicht zu hoch getrieben

wurde«. Die 16jährige war eine liebliche Erscheinung, tannenschlank und anmutig, die schöngewölbte Stirn umrahmte weiches, schwarzes Gelock, aus den Brauen sprachen Sanftmut und Güte. Kurz: Demütiges Wesen schimmerte durch die schöne Hülle. Als 16jährige wurde sie Löhes Konfirmandin, als 18jährige seine Frau: »Sie lehnte sich ganz an ihren Gatten an. Ihre Seele schaute zu der seinen empor wie zu einem Boten aus der himmlischen Welt. Sie war und blieb sein Beichtkind, er ihr Seelsorger. Ja, sie redete ihn, den Vater ihrer vier Kinder, in der Beichte an: ›Würdiger, lieber Herr, Ihr wollet meine Beichte hören.‹«
An diesem Punkt wird es selbst der Autorin des deutschen Pfarrfrauenreports zu mulmig, und sie kommentiert den Tod der mit 24 Jahren als vierfache Mutter Gestorbenen: »Ach, und wer weiß, ob nicht der weiseste aller Gärtner diese süße Blume deswegen so früh schon verpflanzte, weil sie sich zu bedingungslos anschmiegte?« Löhe aber, der Gründer eines Diakonissen-Mutterhauses wurde (und sich nie wieder verheiratete), textete über den Weggang der Anschmiegsamen so rührende Verse wie diesen: »Ich kann nicht stille stehen, seitdem Du gangen bist.« Und: »Ich werde baldig kommen, dann klopf ich bei Dir an, / Dann tu mir auf die Pforte, wie Du mir sonst getan!«
Die Geschichte der Pfarrfrauen ist eine Geschichte der Unterdrückung der Frau. Sieht man sich den *Spiegel edler Pfarrfrauen* an, so findet man edelste Dummerchen, willige Seelchen, dienstbare Küchengeister. Es sind dümmliche wie liebliche Anhängsel des Mannes. Sie bewachen die Studierstube, lechzen nach echter Manneszucht und lassen keine Predigt des Pfarrherren aus. Sie tragen je dutzendweise Kinder aus, dem Verehrten und Angehimmelten zum Dankopfer. Und tobt er auch wie ein brüllende Löwe, eine Pfarrfrau bleibt sanft wie ein Lämmlein.
Wenn auch die Tugenden der Unterwerfung in den Himmel gelobt werden, die Unterwürfigkeit entspricht weniger Gottes Willen als den Regeln zur Dressur von Haustieren.

Einsame Rose,
Bleibe alleine,
Bleibe die Stolze,
Züchtige, Reine!
Lacht dir kein Auge,
Blinkt dir kein Stern,
Blühst du nicht Menschen,
Blühe dem Herrn!

Selig, dem Höchsten
Stille zu halten,
Ihm nur zum Dienste
Fromm sich entfalten,
Ihm nur zu Liebe
Duften und glühn,
Ihm nur zur Ehre
Leise verblühn!

Einsame Rose,
Blühende Nonne,
Bleibe der Wildnis
Heimliche Wonne,
Bleibe des Heilands
»Rose im Tal«,
Bis dich sein Engel
Pflücket einmal.

Karl Gerok, *Rose im Tal*

13.
Deutsche Pfarrerstöchter

Der Auflösung einer Bibliothek verdanke ich ein Bändchen, das sonst kaum noch einem Leser zugänglich ist. *Deutsche Pfarrerstöchter* lautet der Titel, verfaßt ist es vom »Altmeister« der evangelischen Pfarrhausforschung, Pastor August Angermann. »Der Segen des deutschen evangelischen Pfarrhauses fließt wie ein breiter Strom durch unser Volk«, beginnt der Klappentext, der sodann den Soziologen Hartnacke zitiert: »Das evangelische Pfarrhaus ist ein gigantischer Berg höchster und bester geistiger Erbmasse in unserem Volk.«

Der Beweis ist schnell geführt, denn Händel, Jung-Stilling, Lichtenberg, Röchling, Hölderlin, Fröbel, Mörike, Nietzsche hatten Töchter eines Pfarrhauses zur Mutter. Und Voß, Zeller, Kerner und Arndt hatten Pfarrerstöchter zur Frau. Kein Wunder, wenn das Bändchen seine Kapitel so einteilt: Pfarrtöchter als Mütter berühmter Männer, als berühmte Ehefrauen, Pfarrtöchter in deutscher Dichtung und Kunst. Der Rest wird in dem Kapitel »Besondere Leistungen auf den verschiedensten Gebieten des Lebens« zusammengewürfelt.

Die Pfarrtöchterlein verdankt die deutsche Geistesgeschichte der bahnbrechenden Tat Luthers, der das deutsche Pfarrhaus ins Leben gerufen hat. Und schon bald wurden »Kinderstimmen darin laut. Büblein sprangen umher, und sittige Mägdlein schmiegten sich an die Mutter ... Seit die evangelischen Prediger den christlichen Ehe- und Hausstand als Recht und Pflicht erkannten, mehrten sich dann auch bald Pfarrtöchterlein in deutschen Landen wie Blumen auf der Wiese.«

Luther selbst verlor als erstes seine Tochter Elisabeth und fühlte sich besonders getroffen durch den Tod des 13jährigen Magdalenchens. Nach seinem Tode verliebte sich die jüngste Tochter Margarete in den Ostpreußen Georg von Kunheim, sehr zum Zorn der Vormünder und Verwandten. Herzog Albrecht, der Förderer des jungen Adligen, beauftragte Melanchthon, der Liebschaft ein Ende zu bereiten. Doch der trockene Gelehrte scheiterte mit seiner Mission und verwendete sich beim Herzog für die Verlobten. Die Hochzeit ward in Wittenberg ausgerichtet, das erste Kind starb auch noch in der Lutherstadt, dann zogen die beiden Eheleute auf die preußischen Güter, wo von Kunheim als Landrat und Landrichter residierte. Neun Kinder gebar Margarete (wovon sechs in ihrer Jugend starben), ehe die Luthertochter, erst 36jährig, selbst das Zeitliche segnete.

Daß etliche Pfarrerstöchter (es sind halt eben immer die Kinder des Pfarrherren, die Frau ist scheint's nur die austauschbare Gebärmaschine) als Hexen verbrannt wurden, möchte der Verfasser des Bändchens nicht weiter untersu-

chen. Es wendet sich flugs jenen Pfarrerstöchtern zu, »die unserem Volk bedeutende und berühmte Männer geboren haben«. Glanzstück ist Dorothea Taust, die 1683 in Giebichstein bei Halle den 61jährigen Barbier und Wundarzt Georg Händel ehelichte und zwei Jahre später den großen Georg Friedrich Händel zur Welt brachte.
Oft scheint gerade die letzte Geburt die entscheidende gewesen zu sein, jedenfalls aus der Pfarrtöchterlein-gebiertberühmten-Mann-Perspektive. Gotthold Ephraim Lessing beispielswiese, im Kamenzer Pfarrhaus geboren, war das zwölfte und letzte Kind, trieb sich zum steten Kummer der Eltern jedoch lieber mit Schauspielern als in der Theologie herum. Georg Christian Lichtenberg wurde 1742 gar als 18. und letztes Kind im Odenwald geboren. Auch er wurde kein Theologe, sondern Professor der Naturwissenschaften in Göttingen und einer der wenigen bissigen, scharfzüngigen intellektuellen Kritiker. Christian Röchling diente dagegen weniger dem Geistesschaffen denn dem Aufbau der Eisen- und Stahlindustrie. Und wenn wir schon bei den Gegensätzen sind: Turnvater Jahn kam im Pfarrhaus zu Lanz bei Lenzen auf die Welt, die Mutter: eine Pfarrerstochter von Pastor Schulze. Auch Albert Schweitzer, und damit wollen wir die Ahnengalerie verlassen, verdankt einer Pfarrtochter sein Erdendasein.
Nicht als echte Mutter, sondern nur als Stiefmutter ist Henriette Heydenreich in die Kunstgeschichte eingegangen. Sie hatte den 35jährigen Witwer Feuerbach geheiratet und managte geradezu besessen ihren Stiefsohn Anselm, verhandelte für ihn mit Galerien und Museen wegen des Ankaufs seiner Gemälde und setzte sich beredt für ihn ein. Sie überlebte nicht nur ihren Mann, sondern auch den malenden Stiefsohn.
Viele Pfarrtöchterlein blieben indes ledig und endeten als alte Jungfern – Pardon: »als gute, hilfreiche Tanten«. Ihr Los ist wenig romantisch, denn sie mußten meist als Kinder das Pfarrhaus, das sie nicht ernähren konnte, verlassen und sich eine Arbeitsstelle suchen. Ihr Ruhm wird nicht beschrieben, ausgenommen in einem Sonderfall, das heißt in der Beziehung zu einem berühmten Manne, wie bei Wilhelmine Schwenke. Sie mußte 18jährig aus dem Pfarrhaus ausziehen und bei der Familie von Wolzogen in Weimar als

Dienstmädchen arbeiten. Wilhelmine hat sich dort nicht wohlgefühlt, sich aber tapfer, treuergeben ins Vertrauen der Familie hochgedient. Sie wurde reichlich damit belohnt – meint der Chronist –, daß im Wolzogenschen Hause so bedeutende Männer wie Goethe, Herder, die beiden Humboldts, Herzog Karl August und Schwager Schiller verkehrten. Sie durfte den hohen Gästen lauschen, »wodurch ihr Geist geweitet und vertieft wurde«, und den kranken Schiller mit seinen letzten Leiden pflegen. Es wurde ihr gedankt, indem Schiller sie seine »treue Seele« nannte.
Nicht selten wurden die Pfarrtöchterlein, denen Dienen zum Beruf gerechnet wurde, kränkelnden alten Pfarrherren als Pflegerin beigestellt. Ein berühmtes Beispiel gibt Ernestine Voß ab. Sie lernte den jungen Dichter bereits als Kranken kennen, denn bei einem Besuch in der Propstei in Flensburg erkrankte Voß. Eineinhalb Monate lag er krank zur Pflege, wobei Ernestine ihn nicht nur umsorgen, sondern auch so sehr lieben lernte, daß sie später heirateten. Von Ernestine heißt es, sie sei keine Schönheit, aber gesund und dem kränkelnden Gatten eine treue Pflegerin gewesen. Auch der Seefahrer Nettelbeck, bei der Verteidigung Kolbergs rühmlich erwähnt, ehelichte noch einmal, zum dritten Male, im biblischen Alter. Nach zwei Nieten soll sie das große Los gewesen sein.
Ein rechter Seelentrost, ein Quelltrunk für den erhitzten Wanderer, ist Julchen Krummacher dem Maler Wilhelm von Kügelgen geworden, dessen *Jugenderinnerungen eines alten Mannes* Massenauflagen erreichten. 1827 wurde geheiratet, Julchen starb 1909, fast 105 Jahre alt. Ihr ist die Seelenpflege des zerquälten Mannes wohl bekommen. Mit Geduld und Selbstverleugnung hat auch die Roggenstorfer Luise Kuntze 23 Jahre gepflegt und gewacht – denn Fritz Reuter war nach sieben Jahren »Festungstid« Alkoholiker geworden.
Pfarrerstöchter gelten auch als Stimulans, als Rauschmittel und Läuterung für Dichter. In Goethes Leben sollen es gleich drei Pfarrerstöchter gewesen sein. Die berühmteste wurde Friederike Brion. Sie entlockte mit ihrem Liebreiz dem jungen Goethe die schönsten Liebeslieder. Das Sesenheimer Pfarrhaus als Dichterschmiede. Der innere Läuterungsprozeß schied bei Goethe »die ihm noch anhaftenden

Schlacken« aus, nun erst gewinnt er echtes Gefühl und Ausdruckskraft. Einmal von dem Weisen aus Weimar berührt, hielt Friederike ihm lebenslänglich die Treue. Sie wies Freier wie den Dichter Lenz ab, und noch auf ihrem Grabstein in Meissenheim steht in Stein gemeißelt, welch hoher Lohn dem Sesenheimer Pfarrtöchterlein beschieden ist: »Ein Strahl der Dichtersonne fiel auf sie. So reich, daß er Unsterblichkeit ihr lieh.« Dafür lohnt es sich schon, ledig zu bleiben.

Die zweite Pfarrerstochter »um Goethe« war aus anderem Holz geschnitzt. Die Jungfer Helene Dorothea Delph handelte mit Seidenwaren, Tee und Kaffee, eine gestandene Geschäftsfrau, die zur Frankfurter Messe anreiste und sich als Kupplerin gefiel. Ihr Werk ist die gescheiterte Verlobung mit Elisabeth Schönemann, die der Dichterjüngling verließ. Als alternder Heros fand Goethe schließlich an der Tochter des Züllichauer Superintendenten, an Minchen Herzlieb, Gefallen. Im Jahre 1807 (Goethe hatte sich 1806 die Verbindung mit Christiane Vulpius formell als Ehe bestätigen lassen) ergriff den alten Mann die Leidenschaft zu dem jungen Mädchen, die sich in Sonetten auf Papier ergoß. Die Arme ehelichte später einen Juristen und starb 1865 in einer Heilanstalt.

1807 entspinnt sich auch ein Liebesspiel zwischen Theodor Körner und Hannchen Biedermann. »An Hannchen« hieß ursprünglich eines der Gedichte, die dem Liebesspiel entsprossen, das Vater Körner dann in »Liebesrausch« umwandelte und in die Ausgabe »Knospen« aufnahm. Doch alle Gedichte wie »Sehnsucht«, »Die Liebliche« oder »Mein Mädchen« verhinderten nicht, daß der Burgtheaterdichter sich mit einer Schauspielerin verlobte. Als Körner dann »zur Leier das Schwert nahm und im Heldenritt mit Lützows wilder, verwegener Jagd« bei Gadebusch fiel, weinte Hannchen dennoch heiße Tränen. Auch sie blieb unvermählt, dem Jugendgeliebten bis ins Alter von fast 90 Jahren treu.

Jedoch, Pfarrtöchter wurden nicht nur besungen, sondern griffen auch selbst zur Leier. So gebar Magdalene Sibylle Rieger, geborene Weißensee, Tochter eines Blaubeurener Prälaten, nicht nur acht Kinder, sondern auch Verse, die sie bescheiden »andächtige Sonntagsübungen« nannte. Die Universität Göttingen war davon offensichtlich so gerührt,

daß man sie zur gekrönten Poetin weihte und öffentlich den Lorbeerkranz aufs Haupt setzte. Auch Luise Hensel wurde mit ihrem Lied »Müde bin ich, geh zur Ruh« berühmt und konvertierte dann zur römisch-katholischen Kirche.
Über emanzipierte Frauen schweigt das Büchlein, doch man kann dem Text entnehmen, daß die erste deutsche Zahnärztin eine holsteinische Pastorentochter war, während Marie Vögtlin die erste schweizerische Ärztin wurde. Das Jahr 1848 sah auch eine Superintendententochter, Luise Hoche, auf den Barrikaden. Sie trug Männerkleidung, rauchte auf der Straße und benahm sich politisch so auffällig, daß sie aus Berlin ausgewiesen wurde. Sie sammelte einen Kreis revolutionärer jüngerer Männer um sich und verkündete den Grundsatz der freien Liebe. Sie gab die Zeitschrift »Der Freischärler« heraus und wurde nicht nur aus Berlin, sondern auch aus Hamburg, Leipzig und Breslau ausgewiesen. Auch Gudrun Ensslin war eine Pastorentochter.
Pastorentöchter – Gudrun Ensslin natürlich ausgenommen – verdanken ihren Ruf den Männern, die sie ehelichen oder gebären mußten. Da schreit das waidwunde Herz eines Hermann Löns sieben Jahre schmalzig wie eindringlich nach der Lüneburger Pastorentochter Swantje Swantenius und macht sie berühmt. Da läßt ein Dichter Goethe ein Mädchen namens Friederike sitzen, und schon wird sie berühmt, weil besungen. Das Leben der Pfarrtöchterlein ist ein trauriges gewesen. Das hat keiner besungen weder schmachtend noch gefällig.
Sehr häufig wurden die Pfarrerstöchter Pfarrfrauen, denn sie mußten sich wohl oder übel vom Amtsnachfolger ihres verstorbenen Vaters heiraten lassen, um ein Unterkommen zu behalten. Vielfach war die Heirat geradezu eine Bedingung der Kirchengemeinde. Der Grund war kein christlicher, sondern ein wirtschaftlicher. Die Pfarrstellen ernährten sich durch die Landwirtschaft. Gebäude und Inventar mußten vom Nachfolger übernommen werden. »Es war Brauch, nicht Recht«, heißt es in einer Geschichte der Kirchen Stettins von 1936, »zur Erlangung einer Pfarre die Witwe oder Tochter des Amtsvorgängers zu heiraten. Diese Sitte befreite die Gemeinden von der Verpflichtung zum Unterhalt der Familie des verstorbenen Geistlichen.«
Das berühmteste, aber wenig bekannte Beispiel ist Ännchen

von Tharau. Die bis heute besungene Schöne stand 1630 völlig verlassen da. Ihr Vater, der Pfarrer Andreas Neander, war gestorben. Da ehelichte sie den Amtsnachfolger Partatius, und zur Hochzeit entstand das weltberühmte Volkslied. Ännchen von Tharau lebte als Inventar des Pfarrhauses in Tharau bei Königsberg. Nach dem Tod des ersten Gatten mußte sie den Nachfolger Rube heiraten. Als der starb, wurde sie von dessen Nachfolger Beilstein als Gattin übernommen. Lieblich ist an der Geschichte nichts gewesen.

Schön ist's und süß, den Heldentod
Fürs Vaterland zu sterben,
Mit warmem Herzblut purpurrot
Das Feld der Ehre zu färben . . .

Karl Gerok, *Seliger Soldatentod*

14.
Das Pfarrhaus als Fruchtbarkeitsborn

Am Ende des Mittelalters, schreibt Egon Friedell in seiner *Kulturgeschichte der Neuzeit*, war man allgemein der Ansicht, ein Bischof könne nicht in den Himmel kommen. Ein besonders üppiges Essen nannte man Prälatenessen. Das Zölibat stand schlecht im Kurs. Man sagte, es unterscheide sich von der Ehe dadurch, daß der Laie nur ein Weib habe, der Geistliche aber zehn: »Solange der Bauer Weiber hat, braucht der Pfaffe nicht zu heiraten.« Die Konkubinen hießen »Seelenkühe«, und wenn man jemandem ungewöhnliche Ausschweifungen nachsagte, hieß es, er hure wie ein Karmeliter. Die Visitationsberichte der Lutherzeit gewähren uns Einblick in Pfarrhäuser, wo der Geistliche mit Hure und Kindern zusammenlebt oder aber vorgibt, die Köchin im Bett geehelicht zu haben.
Luther legalisierte die Ehe, indem er den Zölibat abschaffte. Mit Luther, dem Ex-Mönch, zieht aber auch die Verteufelung des Geschlechtlichen in das pfarrerliche Eheleben ein. Die Zeugung ist für Luther durch »fleischliche Brunst« unrein. Die Ehe ist wohl erlaubt, aber nur zur Bändigung des bösen Geschlechtstriebes. Ehe ist Sünde, aber Gott »sieht durch die Finger«, da die Ehe der guten Ordnung halber besser ist als ungeordnete fleischliche Lust. Die Eheleute sollen nicht zu oft zusammenkommen. Die Kinder sind die beste Wolle am Schaf. Die Frauen sind zum Kalben da: »Ob sie sich aber auch müde und zuletzt tot tragen, das schadet nicht, laß nur tot tragen, sie sind drum da. Es ist besser kurz

und gesund, denn lange ungesund leben (wie die unfruchtbaren Frauen).« Als seine Käthe jedoch einmal schwer daniederlag und zu sterben drohte, fiel der großsprecherische Reformator flugs auf die Knie und flehte um ihre Gesundung.

Die alten Chroniken werden nicht müde zu berichten, daß sinnliche Lust im Pfarrhaus keine Rolle gespielt habe. Von der Idsteiner Pfarrfrau Lucie Ursula Stern heißt es, sie habe sich mit ihrem Gatten eher »zum Lesen des göttlichen Wortes, zum Singen geistlicher Lieder oder zum Gebet« vereinigt. Alle ihre Gedanken waren auf das Himmlische gerichtet. Kein Wunder, denn der Chronist berichtet vorher, sie habe sich von der Ehe gleich nichts Gutes versprochen. Lucie starb 1709 an ihrer ersten Geburt.

1826 stirbt Estèle Falle. Ihr Mann will ihr Beistand leisten und die Predigt einem anderen überlassen. Da weist ihn die Sterbende zurecht: »Teurer Gatte! Deine erste und deine letzte Gemahlin ist die Kirche!« Von einer anderen Pfarrfrau heißt es, alle ihre Begierden seien auf himmlische Dinge gerichtet gewesen. (Ein Satz, den Oberkirchenrat H. aus Darmstadt 1967 den Theologiestudenten noch gerne nahegebracht hätte. Der Oberkirchenrat empörte sich nämlich über einen Theologiestudenten, der heiraten mußte. In einem Brief an die jungen Theologen warnte er vor der Pille, die unter Umständen die Ehe auf Dauer kinderlos werden lasse. Die Arbeiter seien früher geschlechtsreif, für Akademiker könne immer noch gelten, was er nach dem Ersten Weltkrieg gesungen habe: »Laß ein Mann mich werden, / der voll Zucht und Art / stark und rein auf Erden / Leib und Seel bewahrt.«)

Die Ende des 17. Jahrhunderts geborene Pfarrfrau Rumpus wußte die Bedeutung einer Geburt zu schätzen. Denn Kinderlosigkeit galt leicht als Strafe Gottes. Nach sechsjähriger Ehe kam endlich das erste Kind. Dies war Anlaß, gleich nach der Niederkunft das Lied anzustimmen: »Womit soll ich dich denn loben?« Noch lange Zeit intonierte sie wöchentlich zur Stunde der Geburt dieses Lied. Auch Christiane Roos gebiert (1761) mit einem kräftigen Halleluja. Kurz und bündig heißt es in der Chronik *Die deutsche Pfarrfrau*, geschrieben von einer Pfarrfrau: »Ein junger, gesunder evangelischer Pfarrer ohne Pfarrerin kommt mir vor wie eine Kirche ohne Turm und Geläut.« Und ein Pfarrer mit Pfarrerin, das heißt: Kinder.

Die Bedeutung dieser Pfarrerskinder verkündet eine Schrift des »Reichsbunds der deutschen Evangelischen Pfarrervereine«, mit dem Titel *Das evangelische Pfarrhaus im Urteil der Geschichte* (ohne Jahresangabe). Die begabtesten Köpfe des deutschen Geistesschaffens, so wird Gustav Freytag zitiert, stehen mit wenigstens einer Geschlechterstufe im protestantischen Pfarrhaus. (Es sind genau 861 bedeutende Köpfe.) »Die Fruchtbarkeit der protestantischen Pfarrerehen liegt weit über derjenigen der übrigen geistigen Berufsgruppen. Man hat festgestellt, daß über die Hälfte der Männer, die nach dem Dreißigjährigen Kriege als geistig Führende die deutsche Kultur wieder aufgebaut haben, Kinder aus protestantischen Pfarrhäusern waren.« Nach Angaben des »Reichsbunds der deutschen Evangelischen Pfarrer« taten sich die Pfarrer im Ersten Weltkrieg vor allen anderen Berufsgruppen auch auf dem Felde der Ehre hervor.

»Bei Ausbruch des Weltkrieges zählten unsere Universitäten 54 608 Studenten. Von diesen fielen fürs Vaterland 12 074, also 22,1 Prozent. Von den Medizinern fielen 14,6 Prozent, von den Philologen 22,5 Prozent, von Juristen 25,5 Prozent, von katholischen Theologen 25,7 Prozent, von evangelischen Theologen 36,3 Prozent. Ein solches Blutopfer haben nur noch die aktiven Infanterieoffiziere gebracht. Die Aktivitas der Soraben in Leipzig, der ältesten aller studentischen Korporationen an deutschen Universitäten, zog mit vierundzwanzig Mann in den Krieg. Alle vierundzwanzig fielen. Die Soraben bestanden fast nur aus Theologen! Trotz aller bestehenden gesetzlichen Hindernisse meldeten sich bei Ausbruch des Krieges evangelische Pfarrer in Scharen zum Dienst mit der Waffe. Von seinen Söhnen hat das evangelische Pfarrhaus über 3000 verloren. Achtundsechzig Pfarrhäuser verloren drei Söhne, sechs Pfarrfamilien verloren vier Söhne. Über 600 Pfarrer und Kandidaten, dazu über 1700 Studenten der Theologie blieben auf dem Felde der Ehre.«

In einem 1940 erschienenen Aufsatz, »Das evangelische Pfarrhaus und die deutsche Nation«, wird beteuert, das Pfarrhaus sei eine Pflanzschule für Gelehrsamkeit, für

Staatsbeamte wie den gebildeten Mittelstand gewesen. Der Autor zitiert Justus Möser, der Luther »als dem Erhalter menschlichen Geschlechts« ein Denkmal gesetzt sehen möchte. Die Menschheit verdanke dem Beispiel Luthers 10 bis 15 Millionen Menschen Zuwachs.
Der Psychiater Kretschmer, selbst Pastorensohn, erörtert in seinem Werk *Geniale Menschen* die Möglichkeiten einer Begabungszüchtung und diagnostiziert bereits mehrere »Züchtungszentren«. Natürlich sind die Pastoren gemeint, »die vererbungsmäßige Hauptgrundlage für die Dichter und Denker«. Auch Gottfried Benn, der als Dr. med. vorgestellt wird und ebenfalls Pastorensohn ist, lobt die protestantische Erbmasse. Der Hamburger Tuberkuloseforscher Hans Much sieht als Ursache des pastoralen Kinderreichtums die gute Landluft der Landpfarrhäuser und das harmlose Gottvertrauen ihrer Bewohner.
»Was für Männer gab das evangelische Pfarrhaus dem deutschen Volke?« fragt 1939 eine Schrift des Pfarrhausarchivs in Wittenberg. Es sei völkische und staatliche Pflicht, den Bevölkerungsstand zu stärken. Der Staat meine, 3,2 Kinder pro Ehe seien das rechte Maß. Stolz rühmt der Autor, Pastor August Angermann, der Pastorenberuf sei der einzige geistige Stand, »der das biologisch notwendige Geburtensoll erreicht«.
Das Kirchenstatistische Amt der Deutschen Evangelischen Kirche beeilt sich nachzuweisen, welch fruchtbarer Born das Pfarrhaus ist. Ein Oberkonsistorialrat Troschke preist pro Pfarrer-Geburts-Einheit 3,02 lebendgeborene Pfarrkinder. Diese Zahl werde nur noch von Bauernhöfen übertroffen, die 2 bis 50 Hektar Land besitzen.
Besonders schlau machten sich die Norweger und Schweden ans Züchtungsschaffen. Sie kreuzten (nach der Chronik) Pastorensöhne mit strammen Bäuerinnen. Das Ergebnis dieser biologischen Auslese: 80 Prozent der weltberühmten Norweger und Schweden entstammen diesen pastoral-agrarischen Züchtungseinheiten.
Das Pfarrhaus ist keusch, aber es gebiert mit den Bauern um die Wette.
Was für Männer gab nun das evangelische Pfarrhaus dem deutschen Volke? Welche Sprößlinge entsprossen dem keuschen Verkehr? Das Pfarrhausarchiv kennt viele Beispiele,

die es verdienen, genannt zu werden, wie Jacobi von Wallhausen, den ersten deutschen Militärschriftsteller (Werke: Kriegskunst zu Fuß, zu Pferde etc.), der 1627 das Zeitliche segnete. Oder Georg von Lilien (1652–1726), der zu rühmen ist, weil er eine stattliche Kompanie von nur schönen Männern zusammenstellte. Sie wurde vom König als die beste der ganzen Armee gelobt. Ob wegen ihrer Schönheit oder ihres Mannesmutes, ist nicht ersichtlich.
Ein baltischer Pfarrerssohn ist der »Stürmer und Dränger« Lenz gewesen, der sich vergeblich um die Eroberung der von Goethe verschmähten Friederike Brion bemühte. Lenz endete im Wahnsinn. Von Wieland, im Pfarrhaus Oberholzheim bei Biberach geboren, gesteht die Pfarrerchronik verschämt, er habe auch Schlüpfriges geschrieben. Übertroffen hat ihn Graf von Struensee. Dieser machte in Kopenhagen als Staatsmann Karriere, wurde jedoch 1722 hingerichtet, weil er mit der Königin Caroline Mathilde Ehebruch getrieben haben soll.
Das »deutscheste Wehrbüchlein« ist nach Blücher vom Turnvater Jahn geschrieben (*Deutsches Volkstum*, 1810). Körperliche Ertüchtigung und Gesinnungszucht verdankt das Vaterland diesem Pfarrerssohn. Der Sieg über Napoleon ist namentlich zwei Pfarrerssöhnen zu verdanken, die die Artillerie mit den gezogenen Kruppschen Geschützen bestückt haben. Auch zur Eroberung der afrikanischen Kolonien haben Pfarrerssöhne beigetragen, damit Afrika deutsch und die Neger Christen würden. Wehrten sich die Heiden, so packten Pastorenkinder kräftig zu, wie Theodor Leutwein, der den Hereroaufstand niederschlug.
Doch damit haben die Pfarrsprößlinge ihr Pulver noch nicht verschossen. Zu Lande, zu Wasser und zur Luft taten sie sich hervor. So hält Kapitänleutnant Valentiner aus Sonderburg den Rekord, in ununterbrochener Fahrt die längste U-Boot-Reise des Ersten Weltkriegs hinter bzw. unter sich gebracht zu haben. 139 Tage blieb er unter Wasser und versenkte an die 100 Fahrzeuge mit zirka 300 000 Brutto-Registertonnen, was ihm mit dem Orden »Pour le mérite« gelohnt wurde. Später ist er vor der englischen Küste auf eine Mine gefahren. Noch berühmter wurde Martin Niemöller als U-Boot-Kommandant, der mit dem EK I ausgezeichnet wurde. Doch Niemöller ist in andere, friedliche Gewässer getaucht.

Der überzeugte Antimilitarist mußte sich später den Vorwurf gefallen lassen, ein verkappter Kommunist zu sein.
Welche Strapazen Pfarrer oder Pfarrsprößlinge sich auferlegten, um am Krieg teilnehmen zu dürfen, zeigt das heroische Beispiel des jungen Pfarrers Sinemus. Er war deutscher Auslandspfarrer in Chiles Hauptstadt Santiago, als der Krieg ausbrach. Er hielt es nicht aus, in Chile zu bleiben, während im Vaterland die Kanonen dröhnten, und wanderte deshalb über die Kordilleren. Er erreichte einen brasilianischen Hafen und schlug sich nach Deutschland durch, wo er fiel.
Gerühmt werden Pfarrer, die ihre Amtskirche beschimpfen, weil sie noch nicht in den Krieg dürfen. Die protestantische Kirche hält sich auch zugute, den ältesten Kriegsfreiwilligen gestellt zu haben, den Leipziger Theologen Professor Gregory, der 1914 68jährig als einfacher Soldat in den Krieg auszog und 1917 als Leutnant von einer Granate zerrissen wurde.
Auch den jüngsten Kriegsfreiwilligen bucht das potestantische Pfarrhaus für sich. Es ist der Gymnasiast und Pfarrerssohn Johannes Hahn aus Eyba bei Saalburg, der vierzehnjährig als Freiwilliger zum Infanterieregiment 96 stößt. Dort bemerkt man allerdings rechtzeitig, daß der Knabe noch nicht konfirmiert ist. Er wird noch einmal nach Hause geschickt, um sich konfirmieren zu lassen, eine Kriegskonfirmation. Dann darf er einrücken. Er stirbt mit 15 Jahren.
Und dies ist der stolze Rekord, den das Pfarrhausarchiv in Wittenberg verkündet: Jeder dritte Theologiestudent (36 Prozent) ist im Ersten Weltkrieg gefallen. 121 erhielten das EK II und 41 außerdem das EK I. »Daß so viele Pfarrerssöhne gute Offiziere geworden sind, das verdanken sie nur dem, was ihr frommes Elternhaus ihnen mitgegeben hat.«
So gesehen erscheint es nur zu natürlich, daß das Horst-Wessel-Lied, von den Nationalsozialisten zur Nationalhymne erkoren, von einem Bielefelder Pfarrerssohn verfaßt wurde. Auch er gehört 1939 zu den Ruhmreichen, wenn gefragt wird: »Was für Männer gab das evangelische Pfarrhaus dem deutschen Volke?«
Das Pfarrhaus als Fruchtbarkeitsborn, als Züchtungszentrum: An ihren Früchten sollt ihr sie erkennen, sagt das Evangelium, das bedauerlicherweise keinen Nordischen, sondern einen Juden verkündet.

Die Herzen empor! Und die Faust auf den Feind!
Kaiser und Volk, fest im Glauben vereint:
Gott segne Deutschland!

Johannes Roch, *Feldgrauer Heere Schlachtgesang*

Weine nicht, noch waltet Gott
Auch im Donner der Kanonen

Anonymer württembergischer Unteroffizier, *Trost*

15. Politik und Muckertum

Pfarrer und politische Betätigung

Strittig ist die politische Betätigung des Pfarrers nur dann, wenn er sich für die falsche Richtung einsetzt. Das Pfarrergesetz besagt, der Pfarrer habe das Recht zur politischen Betätigung. »Dieses Recht wird begrenzt durch die Rücksicht auf sein Amt und seine Gemeinde.« Dann regelt das Gesetz, wie ein Pfarrer beamtenrechtlich zu verwalten ist, wenn er als Bundes- oder Landtagsabgeordneter von der Kanzel in die politische Arena steigt. Es gibt Pfarrer, die über die CDU, die CSU oder die SPD in den Bundestag kamen. Rücksicht auf die Gemeinde bedeutet: In der katholischen Kirche wird eine CDU-Aktivität gefördert oder ist zumindest nicht unerwünscht, in SPD-Parteinahmen wittert man schnell den sozialistischen Beelzebub. Die protestantischen Pfarrer treiben dagegen an DKP-Pfarrern den theologisch-politischen Exorzismus.
Im Vertrag der Hessen-Nassauischen Landeskirche mit dem Lande Hessen von 1960 (»geleitet von dem Wunsche, das freundschaftliche Verhältnis zwischen den Kirchen und dem Land zu fördern und zu festigen«) entnimmt man dem Artikel 9: »In das Amt des leitenden Geistlichen einer Kirche, dessen Besetzung nicht auf einer Wahl oder Berufung durch

eine Synode beruht, wird niemand berufen werden, von dem nicht die zuständigen kirchlichen Stellen durch Anfrage bei der Landesregierung festgestellt haben, daß Bedenken politischer Art gegen ihn nicht bestehen.«

Entscheidet die Synode über eine Besetzung, so zeigt die Landeskirche der Landesregierung die Vakanz der Stelle an und teilt später die Person des neuen Amtsträgers mit. Als politische Bedenken gelten nur staatspolitische, nicht kirchliche oder parteipolitische Bedenken. Folglich wird im Falle eines DKP-Pfarrers offensichtlich nicht nach parteipolitischen, sondern nach staatspolitischen Bedenken entschieden.

So mußte in Dörnigheim, Kreis Hanau, ein brotloser Junglehrer wieder gehen, obwohl ihn der Kirchenvorstand für das Jugendzentrum angestellt und seine Tätigkeit dort auch befürwortet hatte. Der Lehrer war »wegen linksextremer Betätigung« aus dem Schuldienst geflogen. Der Landesbischof in Kassel hatte zunächst vergebens auf den Kirchenvorstand Druck ausgeübt, das Land strich die Zuschüsse zur Jugendarbeit. Ein SPD-Stadtverordneter und Kirchenvorsteher resignierte am Schluß: »Wie schwach muß da eine Kirche sein, wenn sie einen marxistisch-leninistischen Mann bei nur sechs Stunden pro Woche nicht verkraften kann.« Dabei soll der Christ seine Feinde sogar lieben. Es gibt Christen, die behaupten: Nicht der philosophische Atheismus der Marxisten sei das eigentliche Problem der Kirche, sondern der praktische Atheismus der Christen.

Noch 1956 verfaßte man in Hessen-Nassau Richtlinien für die Kommunalpolitik, die »christliche« Kommunalpolitiker auf »christliche« Ziele lenken sollten. Als Gottes Gebot und Verpflichtung gilt demnach, gegen die »Kinosucht« und die »Radioseuche« vorzugehen. Statt dessen soll die »Freude am Heim« durch »guten Wandschmuck« gefördert werden, ebenso Körperkultur und Freude an der Natur. Der »Mensch vor dem Schreibtisch und der Mensch hinter dem Schreibtisch« hätten keinen verschiedenen Rang. Bürokraten rechnen und denken eben in Schreibtisch-Einheiten und Büroräumen. Werkshallen, Firmengelände, Baustellen, um Plätze zu nennen, wo zwischen Gleichen und Gleichen auch geschieden wird, werden die Freude-am-Heim-Theologen gar nicht wahrgenommen haben. Pfarrer und Oberkirchen-

räte lernen Handwerker oft nur bei der Reparatur des Autos, Arbeiter im Vorbeifahren an Baustellen kennen.
Wenn Pfarrer oder kirchliche Mitarbeiter in die Politik einsteigen, lassen sich Konflikte nicht vermeiden. So sollte Dezember 1972 der Chor der katholischen Kirchengemeinde in Niedernhausen (Taunus) geschlossen werden, weil bei der Kommunalwahl von 41 Kandidaten der SPD allein neun im Kirchenchor ihre Stimme erschallen ließen. Mehr noch, 20 der Sänger hatten eine Wahlempfehlung für die SPD unterschrieben.
Bereits 1970 hatte die Vatikanzeitung »L'Osservatore Romano« die Gefahr gewittert. Sie weissagte: »Das Vordringen der Erotik steht in direktem Verhältnis zu dem Fortschritt der Sozialdemokraten ...« Wo die Linke regiert, sieht der Vatikan eine Sexwelle. Wo der Katholizismus regiert, blühte bislang nicht selten der Faschismus – wie in Lateinamerika oder im Franco-Spanien.
Der Bischof der Evangelischen Landeskirche von Kurhessen-Waldeck mußte 1975 den in Marburg lebenden Ruheständler Friedrich Hochgrebe disziplinieren. Der 71jährige hatte mit einer Anzeige in der »Oberhessischen Presse« in den Wahlkampf eingreifen wollen. Mit dem Hinweis auf die Bergpredigt, man könne nicht Gott dienen und dem Mammon, hatte er angezeigt: »Hängt dein Herz am großen Geld als deinem Abgott, dann wähle die Partei für das große Geld, CDU.« Der Ruheständler war bereits 1933 unangenehm aufgefallen. Er hatte die Hakenkreuzfahne vom Kirchturm geholt, das Salutschießen der SS am offenen Grab verboten und war dafür von der Gestapo mehrmals zum Verhör geholt worden.
Mehr als einmal ist den Pfarrern politisches Muckertum nachgesagt worden. Der Literaturkritiker Robert Minder rügt, einerseits hielten sie die Wacht am Sein, andererseits duckten sie sich tief vor dem Landesherren. Minder rügt weiter die bourgeoise Frömmigkeit der Pfarrer: »Der Pfarrer deckte den Landesvater und mahnte das Volk.« Ludwig XIV., meint Minder, »deckte Molière vor der Geistlichkeit. Kein Hohenzoller hat je eine Pastorensatire decken müssen, denn kein deutscher Dichter hat sie geschrieben.«
Am boshaftesten hat der Kulturkritiker Egon Friedell mit den unterwürfigen Pastoren abgerechnet. Friedell sah in

Luther und seinem »Kollaborator« Melanchthon die politische Erbsünde des Protestantismus: »Ein Zug von Servilismus, Leisetreterei, Lavieren, Um-die-Ecke-Sehen gelangt seither in den Betrieb der Kirchen und Universitäten; der Typus des vor dem Patronatsherrn buckelnden Theologen, des unterwürfigen Hauslehrers, um sein Futter zitternden Schulmeisters, des devoten ›staatserhaltenden‹ Leibpfaffen wird geboren.« Friedell berichtet, wie ein württembergischer Pfarrer seinem Herzog devot meldet: »Dero allerhöchste Säue haben meine alleruntertänigsten Kartoffel aufgefressen.«

Martinus Luther hatte mit der Obrigkeit wenig Schwierigkeiten, da er sich im Gewand der Herrschaft verbarg. In seinen Tischreden (wobei immer zu berücksichtigen ist, daß hier der Alkohol in Strömen floß) tadelt er den Herzog Friedrich von Sachsen jedoch als »furchtsam« und »blöde«, weil dieser die Übeltäter nicht streng genug strafe, »sonderlich die armen Diebe«. Der blöde Herrscher wollte die Todesstrafe nicht zu oft anwenden, weil es leicht sei, einem Dieb das Leben zu nehmen, »aber man kann es nicht wiedergeben«. Auch der Herzog Johann, Kurfürst zu Sachsen, kriegt seinen Tadel ab: Auch er hielt sich mit der Todesstrafe zurück. »Und mit solchem Weichseyn und durch die Finger sehen ward das Land voller Buben ... Oberkeit, Fürsten und Herren sollen nicht gelinde seyn.« Ob unser würdiger Herr Bundestagsabgeordneter Richard Jaeger (CSU), den man wegen seiner Einstellung zur Todesstrafe Kopf-ab-Jaeger nennt, weiß, wie lutherisch er gesonnen ist? Wie nahe er dem Reformator steht, der tönte (zu Tische, nicht auf dem Felde): »Prediger sind die größten Totschläger, denn sie vermahnen die Oberkeit ihres Amts, daß sie alle bösen Buben strafen sollen. Ich, M. Luther, hab im Aufruhr alle Bauern erschlagen, denn ich habe sie heißen todtschlagen; all ihr Blut auf meinen Hals.«

Einen fröhlichen Totschläger hat Gott lieb?

Es war über die Zeiten hinweg Grundsatz protestantischer Erziehung: »Der Schwächere muß sich unter den Starken fügen.« Dies gibt der Vater Pfarrer dem Sohn Pfarrer weiter. Oder: »Unrecht leiden schadet dir nicht.« Landespfarrer Büchsel (1803–1889) schildert seinen Neujahrsbesuch beim Patron. Kaum ist er in die Stube getreten, da donnert ihn der

Herr schon an: »Wenn man zu seinem Patron kommt, um zu gratulieren, wird man erwarten, daß man im Ornat erscheint.« Sprach's und schloß die Tür. Nachmittags kommt der Pfarrer im Ornat.

Als es um die Einführung des *Berliner Gesangbuchs* geht, prüft es der Patron. Er geht zum Altar und verkündet der Gottesdienstgemeinde: »Man darf in solchen Dingen nicht leichtsinnig verfahren, man hat das Gesangbuch geprüft und viel Gutes darin gefunden; es fehlt aber der Teufel in den Liedern, und man ist der Ansicht, daß, wo der Teufel fehlt, auch der Herr Jesus in der ganzen Klarheit nicht erkannt ist.« Wenn dem Patron die Predigt nicht gefällt oder besonders gefällt, stiefelt er zum Altar und kommentiert es in kernigen Worten. Er beschließt seine Rede stets: »Man hat das gesagt als Patron der Kirche und Gemeinde.« Als es darum geht, die Kirche zu renovieren, erklärt er kurz: »Wenn man etwas Schönes sehen will, kann man in den Wald gehen. In die Kirche geht man, um das Wort Gottes zu hören. Man wird in der Kirche nichts ändern.« Durch das »man« tönten die Autorität Gottes und die Macht, die sich auf die Potenz der Wachtmeistersäbel stützt.

Auf dem 7. Evangelischen Kirchentag 1854 berichtet der Gründer der Inneren Mission, Heinrich Wichern, daß zumindest in den großen Städten – auf dem Lande könne er die Situation weniger gut beurteilen – die armen Leute nicht in die Kirche gehen, weil sie meinen, die Kirche wäre nicht für sie da. Er hat da in Hamburg vor der Michaeliskirche ein junges Frauenzimmer getroffen, die nicht A von B unterscheiden konnte (es gab keine Schulen!). Diese Frau wird von Wichern gefragt, ob sie schon einmal in einer Kirche gewesen sei? Ja, erwidert sie, sie habe schon einmal in die Michaeliskirche hineingesehen. Auf die nächste Frage Wicherns, ob sie nicht öfters hineingehen wolle, hält die junge Frau das für einen üblen Scherz. Im Protokoll steht, sie habe gemeint, »man wolle sie zum besten haben, die Kirche sei doch nur für die Herrschaften«. Nach Wichern war das die Meinung von Hunderttausenden: eine Kirche für die Herrschaften.

Es gibt viele Pfarrer, denen nun wahrlich kein Muckertum vorzuwerfen ist, die im Gegenteil gegen Unrecht aufstehen und dafür auch büßen. Aber ist dies die Mehrheit?

Amos, der alttestamentliche Prophet, wurde von der Obrigkeit gefeuert. Seine Predigt hieß: Ihr unterdrückt die Armen und zecht über ihrem Elend. Ihr seid bestechlich und haltet euch für etwas Besonderes. Wörtlich: »Sie hassen den, der die Wahrheit redet … Hinweg von mir mit dem Lärm deiner Lieder! Das Spiel deiner Harfen mag ich nicht hören! Aber es ströme wie Wasser das Recht, und die Gerechtigkeit wie ein unversieglicher Bach!«
Es ist keine Frage: Dieser Mann fiele heute unter den kirchlichen Radikalenerlaß. Er würde von Kirchenbürokraten, die »den lieben Gott« verwalten, marxistischer Ideologie verdächtigt und in keiner Landeskirche angestellt.

Liebes Kind, geh hin und lern!
Folge deinem Lehrer gern.
Was er zeigt und dir erklärt,
Ist gewiß von großem Wert.

Sei ein braver Schüler du!
Gott im Himmel sieht dir zu;
Er durchschaut des Herzens Trieb,
Und die Braven hat er lieb.

August Keller, *Auf dem Schulweg*

16. Hymnus auf die Pfarrfrau

Ich bin eine schlechte Pfarrfrau geworden, keine männliche Ottilie-Wildermuth-Figur, treuherzig den Staubwedel führend, einen Choral auf den Lippen, Seelchen, stramme Mutter und Magd zugleich. In den beiden Standesgruppen, dem »Pfarrfrauenbund« und dem »Pfarrfrauendienst«, habe ich keine Zuflucht nehmen mögen. Aber es zeigen sich deutliche Tendenzen, daß ich meine Rolle noch finden werde. Zwar habe ich eine Spülmaschine gekauft (Pädagogik hin, Pädagogik her, es stand zuviel Geschirr herum), doch dafür will ich öfter die Treppe putzen. Dann will ich auch nicht mehr den Garten so verwildern lassen, um den Auffassungen derer Rechnung zu tragen, für die ein Pfarrgarten, abgesehen von einigen Rosenstöcken, ein großes Gemüsebeet ist.
Ich trage mein Los als Mann, ohne zu klagen. Als ich 1978 bei der »Evangelischen Darlehnsgenossenschaft« ein Konto eröffnen wollte, mußte ich zuvor eine Bescheinigung meiner kirchlichen oder diakonischen Tätigkeit einreichen. Meine Pfarr-Herrin schrieb mir das Zeugnis: »Ich bestätige hiermit, daß mein Mann als ›Pfarrfrau‹ tätig ist. Er nimmt die Telefonanrufe entgegen, öffnet auf Schellen die Tür, spricht mit den Leuten, die zu mir wollen, wenn ich dienstlich abwe-

send bin, putzt auch den Gruppenraum für die Jugendlichen und das Pfarramt und betätigt sich auch sonst, wie es sich für eine ordentliche Pfarrfrau gehört.«
Ich durfte das Konto eröffnen.
Abends, nach des Tages Müh', beginne ich manchmal zu singen. Ich probe den »Hymnus auf die Pfarrfrau«, den der badische Bischof Heidland 1977 an die Pfarrfrauen seiner Landeskirche verschickt hat. Den Hymnus intoniere ich nach der Melodie »Ich singe dir mit Herz und Mund!«, einem Lied von Paul Gerhardt, das sich unter der Nr. 230 im *Evangelischen Kirchengesangbuch* findet. Da stehe ich dann im Flur und beginne:

Jetzt singe ich mit frohem Mund
aus meines Herzens Lust,
ich mache von der Pfarrfrau kund,
was mir von ihr bewußt.

Ich weiß, daß sie aus Gottes Gnad'
dem Pfarrer ist beschert.
Durch sie die Kirche früh und spat
gar große Hilf' erfährt.

. . .

Wer stärkt des Beffchens weißen Sturz
und bürstet den Talar?
Wer sagt dem Prediger: »Mach's kurz!«
und lobt ihn, wenn er's war?

Wer rennt zu Telephon und Tür
und klebt Briefmarken auf?
Wer hat für Leute ein Gespür.
hemmt oft des Unheils Lauf?

. . .

Die Pfarrfrau ist's, ihr gilt der Ruhm!
Sie kann noch viel mehr tun:
Sie hält die Wach' vor unserer Tür
und läßt uns sicher ruhn . . .